O que você está olhando

Gertrude Stein

O QUE VOCÊ ESTÁ OLHANDO
TEATRO

(1913-1920)

Organização e tradução
Dirce Waltrick do Amarante
Luci Collin

ILUMI//URAS

Copyright © 2014
The University of Wisconcin Press

Geography and plays
What happened; A curtain raiser; White wines; A curtain raiser; Ladies voices;
Do let us go away; For the country entirely; Turkey bones and eating and we liked it;
Every afternoon; Captain Walter Arnold; Please do not suffer; I like it to be a play;
Bonne Année; Mexico; Counting her dresses; The king or something; Accents in Alsace;
The psychology of the nations or what are you looking at.

Copyright © 2014 da tradução e organização
Dirce Waltrick do Amarante e Luci Collin

Copyright © desta edição
Editora Iluminuras Ltda.

Capa
Eder Cardoso / Iluminuras
foto de Gertrude Stein fotografada por Carl Van Vechten, 1935,
modificada digitalmente, Wikimedia Commons.

Revisão
Júlio César Ramos

CIP-BRASIL. CATALOGAÇÃO NA PUBLICAÇÃO
SINDICATO NACIONAL DOS EDITORES DE LIVROS, RJ

S833c

    Stein, Gertrude, 1874-1946
      O que você está olhando : teatro (1913-1920) / Gertrude Stein ; organização e tradução Dirce Waltrick do Amarante, Luci Collin. - 1. ed. - São Paulo : Iluminuras, 2014.
      160 p. : il. ; 21 cm.

      Tradução de: Geography and plays
      ISBN 978-85-7321-422-2

      1. Teatro americano (Literatura). I. Amarante, Dirce Waltrick do.
II. Collin, Luci, 1964- III. Título.
13-05270   CDD: 812
                    CDU: 821.111(73)-2

17/09/2013   19/09/2013

2020
EDITORA ILUMINURAS LTDA.
Rua Inácio Pereira da Rocha, 389 – 05432-011 – São Paulo/SP – Brasil
Tel./Fax: 55 11 3031-6161
iluminuras@iluminuras.com.br
www.iluminuras.com.br

SUMÁRIO

Uma paisagem sob a névoa: o teatro de Gertrude Stein, 11
Dirce Waltrick do Amarante

Um jazz que não é e está — traduzindo Gertrude Stein, 19
Luci Collin

O QUE VOCÊ ESTÁ OLHANDO

O que aconteceu (1913), 25
Uma peça curta (1913), 31
Vinhos brancos (1913), 33
Ele disse isto (1915), 39
Vozes de mulheres (1916), 47
Deixe-nos ir embora (1916), 49
A todo o país (1916), 61
Ossos e peru e comida e gostamos disso (1916), 73
Toda tarde (1916), 89
Capitão Walter Arnold (1916), 95
Por favor não sofra (1916), 97
Queria que fosse uma peça (1916), 103
Bonne Année — Uma peça (1916), 107
México — Uma peça (1916), 109
Contando os vestidos dela (1917), 137
O rei ou algo (1917), 153
Sotaques na Alsácia (1918), 169
A psicologia das nações ou o que você está olhando (1920), 177

Agradecemos o apoio da pós-gradução em estudos da tradução da Universidade Federal de Santa Catarina.

UMA PAISAGEM SOB A NÉVOA:
O TEATRO DE GERTRUDE STEIN

Dirce Waltrick do Amarante

Gosto de paisagem, principalmente para me sentar de costas para ela.[1]
Gertrude Stein

Em *A autobiografia de Alice B. Toklas*, a escritora norte-americana Gertrude Stein (1874-1946) conta que foi durante o verão de 1913 que começou a escrever peças de teatro. Lemos no citado livro:

> A primeira se intitulava *It Happened a Play* [*Aconteceu uma peça*]. Foi escrita a partir de um jantar oferecido por Harry e Bridget Gibb. Depois escreveu *Ladies' Voices* [*Vozes de mulheres*]. O seu interesse em escrever peças continua. Diz que uma paisagem fornece um cenário tão natural para um campo de batalha ou uma peça de teatro que é preciso escrever peças.[2]

Entre os anos de 1913 e 1920, Gertrude Stein explorou esse filão e conseguiu escrever 18 peças que foram reunidas e publicadas no livro *Geography and Plays*, de 1922.

As peças da escritora americana foram e são talvez ainda hoje consideradas impossíveis de levar ao palco, uma vez que nos seus textos não existem rubricas, quase não se encontra indicação de personagens nem pistas que auxiliem a sua encenação.

Os textos teatrais de Stein estariam, por isso mesmo, muito próximos dos textos do "novo teatro" da atualidade, o qual, como afirma o estudioso alemão Hans-Thies Lehmann, que cunhou o termo pós-dramático, "não é isto, não é aquilo e nem é outra coisa:

---

[1] STEIN, Gertrude. *A autobiografia de Alice B. Toklas*. Porto Alegre: L&PM, 2006, p. 70.
[2] Idem, p. 139.

predomina a ausência de categorias e palavras para a determinação positiva e a descrição daquilo que ele é".[3]

Segundo a crítica especializada, os textos dramáticos de Stein não teriam alcançado "êxito" no palco, o que não significa que a escritora seja um evidente fracasso como autora teatral. Ao contrário, esclarece Lehmann, se suas peças são consideradas impossíveis dentro e fora do palco é porque seus textos são avaliados de acordo com a perspectiva do teatro dramático, o qual não percebe que as formas textuais de Stein já anunciem o fim da tradição desse teatro.[4]

Para Lehmann, Stein seria incontestavelmente uma das precursoras, e talvez até mesmo um modelo, do chamado "teatro pós-dramático". Segundo o estudioso alemão, existe uma forte relação desse teatro

> [...] com aqueles movimentos de vanguarda [dos quais Stein fazia parte] que, proclamando o desmantelamento do contexto, o privilégio da falta de sentido e da ação no aqui e agora (dadaísmo), abandonaram o teatro como 'obra' e produção de sentido em nome de um impulso agressivo, de um acontecimento que incluía o público em ações (futurismo) ou sacrificava o nexo causal narrativo em favor de outros ritmos de representação, em especial a lógica do sonho (surrealismo).[5]

O teatro de Gertrude Stein assemelha-se também ao teatro de risco: "*arriscado*, porque rompe com muitas convenções. Os textos não correspondem às expectativas com as quais as pessoas costumam encarar textos dramáticos. Muitas vezes é difícil até mesmo descobrir um sentido, um significado coerente da representação", [6] como afirma Lehmann.

O fato é que nos textos teatrais da escritora americana não há nenhuma ação óbvia, nenhuma história facilmente discernível.

---

[3] LEHMANN, Hans-Thies. *Teatro pós-dramático*. São Paulo: Cosac Naify, 2007, p. 22.
[4] Idem, p. 80-81.
[5] Idem, p. 99.
[6] LEHMANN, op. cit., p. 38, grifo do autor.

As palavras, os gestos e o sentido são fragmentários (uma das características, aliás, do texto moderno).

Inserida na modernidade e assumindo um padrão de escritura vanguardista, cuja linguagem transgressiva foi praticada *grosso modo* até o final dos anos 1930,[7] Gertrude Stein questionou nas suas criações radicais a concepção tradicional de peça teatral. Sua concepção de texto dramático diferia da concepção da grande maioria dos dramaturgos da época numa atitude que podemos considerar própria das obras da vanguarda do início do século XX. Richard Kostelanetz define a vanguarda da seguinte maneira:

> Utilizando de maneira precisa, o termo vanguarda deve definir antes de mais nada uma obra rara que satisfaz os três critérios discriminatórios seguintes: ela transcende de forma essencial as convenções correntes, estabelecendo uma distância entre si e a massa de práticas correntes; essa obra deverá levar muito mais tempo antes de encontrar seu público máximo; vai também inspirar empreendimentos artísticos futuros tão avançados quanto ela.[8]

Segundo o escritor e fotógrafo americano Carl Van Vechten, amigo particular de Stein, o uso frequente que a escritora fazia da "palavra 'paisagem' em conexão com o drama indica que ela imagina uma peça como uma forma estática", sem grandes ações ou nenhuma ação. Além disso, Stein dizia que "qualquer coisa que possa contar uma história pode ser uma peça e por outro lado 'quando eu vejo uma coisa, isso não é uma peça para mim, mas quando eu escrevo alguma coisa que alguém pode ver, então isso é uma peça para mim".[9]

A escritora norte-americana estava ciente de que a obra que um autor imagina e aquela que o público, o ator e o diretor imaginam são dois fenômenos diferentes.[10]

---

[7] KRYSINSKI. Wladimir. *Dialéticas da transgressão*. São Paulo: Perspectiva, 2007, p. 19.
[8] Idem, p. 26.
[9] STEIN, Gertrude. *Last operas and plays*. Nova York: Vintage, 1975, p. VIII.
[10] Idem, p. VIII.

O ator, na montagem de suas peças, pode agir como um *performer*, reformulando sua atuação a cada nova apresentação, uma vez que nada está programado para ele.

Aliás, para Stein, afirma Penny Farfan, o papel do espectador era central no seu teatro, "que ela considerava menos sobre representação do que sobre experiência".[11] O pintor Henri Matisse dizia que o mundo para Gertrude Stein era um teatro. Stein transformava cenas cotidianas em grandes *perfomances*, como fez certa vez numa exposição em Paris, quando a escritora colocou cada pintor diante de seu quadro "quase como um jogo ou uma perfomance teatral", e assistiu à reação de seus convidados.[12]

Stein compôs uma obra teatral feita de descontinuidades, de dissolução das leis da narrativa, de privação da fala e de suspensão do sentido. Um teatro sem personagem, onde ressoam vozes, como lemos em "Vozes de mulheres":

> Vozes de mulheres dão prazer.
> O segundo ato é fácil de dirigir. Direção não é no
> inverno. Aqui o inverno é ensolarado.
> Isso surpreende você.
> Vozes de mulheres juntas e então ela entrou.
> Muito bem boa noite.
> Muito bem boa noite.
> (Sra. Cardillac)
> Isso é prata.
> Você se refere ao som.
> Sim ao som.

As peças de Stein são também repletas de condensações, de repetições e do aproveitamento casual de qualquer coisa que estivesse à sua volta.[13]

---

[11] FARFAN, Penny. "Women's modernism and performance". In: LINETT, Maren Tova (org.). *Modernist women writers*. Cambridge: Cambridge University Press, 2010, p. 55, tradução nossa.

[12] STEIN, Gertrude. *A autobiografia de Alice B. Toklas*, op. cit., p. 19.

[13] STEIN, 1975, p. VIII.

De acordo com Carl Van Vechten, o escritor americano Thornton Wilder acreditava que parte da arbitrariedade do texto de Stein — "Ato I e Ato III etc." — é seu golpe satírico ao pedantismo e ao formalismo em geral, sua maneira de dizer "não me limitem".[14] Mas Stein estava dentro de uma tradição de escritores vanguardistas que, como lembra Wladimir Krysinski,

> [...] proclamam sua diferença e operam a ruptura. Cada vez que isso se produz, treme o edifício da arte e da literatura. Presumivelmente. Pelo menos, os vanguardistas estimam-se suficientemente revolucionários e destruidores para que a arte e a literatura não sejam mais as mesmas na sequência de suas artimanhas ostentatórias.[15]

Segundo Carl Van Vechten, Gertrude Stein trabalhava com a similaridade na busca de uma unidade para os seus primeiros textos teatrais; por isso mesmo, eles podem ser lidos como uma obra única ligada pela homogeneidade de seu método. Além disso, mais do que uma trama, Stein estava preocupada com "frases, não só palavras, mas frases e mais frases", que dão ritmo característico ao desenvolvimento de seus textos teatrais.[16] Em "Capitão Walter Arnold", lemos:

> Você consegue se lembrar de algum exemplo de repetição fácil. Posso e posso mencioná-la. Posso explicar como em duas repetições você muda o significado você verdadeiramente muda o significado. Isso o faz mais interessante. Se o vinculamos a uma pessoa nos voltamos a uma compreensão.

O contato com pintores do início do século XX também exerceu grande influência na escritura da autora, então residindo em Paris. Não é difícil ver na escrita de Stein, mais especificamente nas peças reunidas neste volume, traços de Paul Cézanne, Pablo Picasso e Henri Matisse. Stein dizia que "Cézanne descobriu a graça de deixar

[14] Idem, p. VIII.
[15] KRYSINSKI, op. cit., p. 22.
[16] STEIN, Gertrude. 2006, p. 45.

coisas inacabadas e distorcidas por uma questão de necessidade; com Matisse aconteceu o mesmo, mas foi deliberado".[17] Na peça *A todo o país*, de Gertrude Stein, lemos a descrição fragmentária e distorcida de uma cidade que não tem centro — ora, como não pensar numa "cena" de Cézanne ou de Matisse: "Uma avenida passa por uma cidade e uma rua a atravessa atravessa a cidade. Não há nenhum sentido em apontar associações. Muitas pessoas sabem ler. Não mulheres. Não em alguns países. Não em alguns países. Ah sim não em alguns países".

De todos os pintores modernos, Picasso talvez tenha sido aquele que mais influenciou Gertrude Stein. Segundo ela, as pinturas cubistas de Picasso eram "tão estranhas que a primeira coisa que se fazia, instintivamente, em vez de olhar logo para elas, era concentrar-se em qualquer ponto".[18]

Diante do estranhamento que provoca a leitura das peças de Stein, desviar o olhar parece ser a primeira reação do leitor iniciante. Persistir na leitura de seus textos poderá revelar, no entanto, uma paisagem sob a névoa encantadoramente misteriosa.

O diretor e dramaturgo Robert Wilson, o qual já havia declarado que foi a leitura dos "dramas" de Stein que lhe deu a convicção de que podia fazer teatro, foi talvez o primeiro a propor aos textos de Gertrude Stein uma estética teatral coerente.[19]

Esta antologia traz as primeiras peças teatrais de Stein, considerada, como se disse acima, um dos principais nomes da vanguarda do início do século XX e um dos pilares do chamado teatro pós-dramático do nosso tempo.

Num ensaio de 1988, Augusto de Campos, que traduziu alguns textos de Gertrude Stein para o português, afirmou muito acertadamente que, ainda hoje, uma das razões da carência de traduções de Gertrude Stein para o português reside "na dificuldade de traduzir o molecularismo de sua linguagem, aparentemente simples, mas organizada em função da materialidade da língua

[17] STEIN, 2006, p. 45.
[18] STEIN, 2006, p. 13.
[19] LEHMANN, op. cit., p. 80.

inglesa, idioleto de idioleto, a partir de paronomásias, homonímias e monossílabos".[20]

A oralidade do texto guiou muitas das escolhas que fiz.

Alerto para o fato de que Gertrude Stein não usa ponto de interrogação. Em inglês, contudo, percebemos imediatamente, pela construção da frase, quando se trata de uma pergunta. Em português, algumas palavras indicam a interrogação, por exemplo o "por que". Nas frases interrogativas que não começam com "por que", optei por não fazer inversão — como na língua inglesa —, pois isso soaria, a meu ver, "forçado" em português. Tampouco recorri ao uso de notas de rodapé para indicar a interrogação, pois isso não me pareceu necessário. Luci Collin, como se verá no ensaio seguinte, adotou um procedimento diferente do meu.

Vale por fim ressaltar que ao concordarmos em não unificar nossos procedimentos tradutórios mantendo, cada qual, seu estilo e interpretação, respeitamos as discrepâncias das traduções autorais a fim de suscitar um diálogo entre os textos traduzidos.

Na revisão da minha tradução, contei com a ajuda de Sérgio Medeiros, a quem agradeço.

---

[20] STEIN, Gertrude. *Porta-retratos*. Florianópolis: Noa Noa, 1989, p. 9.

UM JAZZ QUE NÃO É E ESTÁ
TRADUZINDO GERTRUDE STEIN

Luci Collin

Voz central do Modernismo literário, Gertrude Stein compôs um obra marcada por um estilo e uma proposta estética sem precedentes. Como discutir aqui o impacto dessa obra fugiria ao nosso propósito, detenho-me em breves comentários sobre a tradução do texto de Stein. Complexa e, por muitos críticos, considerada opaca ou hermética, a escritura de Stein naturalmente suscita uma série de problemas de tradução. Quase um "teste" de habilidade é propor a um tradutor que passe para outro idioma frases como "*There is no there there*", "*Very mine is my valentine very mine and very fine*" ou a emblemática "*When this you see remember me*". O requisito para uma tradução razoável, já de início se percebe, é mais do que domínio de idiomas e mais do que domínio da técnica explorada por Stein — a demanda aqui é de um grande senso do jogo que surge de uma escritora que viu não só a língua inglesa, mas a própria literatura, como "matéria de movimento".

Stein construiu um sistema de feitura/interpretação literária — ao qual chamou de "composição" — que prevê uma dinâmica de infindáveis combinações; assim, sua composição é feita de frases, consideradas não emocionais, combinadas em parágrafos altamente emocionais.[1] O leitor de Stein se vê num processo de moção e comoção que concebe a linguagem de uma maneira aparentemente disparatada, descombinada, mas que é pura combinação. E o mesmo mecanismo combinatório rege suas peças: para a escritora é fundamental a ideia de que a cena no palco quase sempre se dá em tempo sincopado em relação à emoção daquele que está na

---

[1] Cf. STEIN, G. "Plays". In: *Look at me now and here I am – writings and lectures 1909-1945.* Londres: Penguin, 1971, p. 59.

plateia. Stein gera uma fruição "jazzística", pois o tempo emocional do espectador é deliberadamente — por meio de um texto desestabilizador — diferente do tempo emocional da peça. E, se cabe ao tradutor manter ou recuperar essa intenção, a prática da tradução do texto steiniano é também uma prática eminentemente combinatória, que deve se esforçar para manter um equilíbrio entre semântica e sintaxe, jazzificando suas escolhas entre francos sacrifícios e sacrilégios. Nesse *jazz*, já que a questão é o movimento, há que se cometer alguns muitos glissandos (sim, deslizes assumidos) e quiçá deixar permanecer desambiguizada também a noção de síncope.

Da experiência desta tradução, pontuo ainda a questão da gramática. No ensaio "The gradual making of the making of americans" Stein diz que a gramática inglesa "[...] é interessante porque é tão simples. Uma vez que você saiba diagramar uma frase você sabe praticamente tudo que deve saber sobre gramática inglesa".[2] Até aí pode parecer tranquilo traduzir para o português essa gramática "tão simples". No ensaio "Poetry and Grammar", contudo, Stein acrescenta este comentário: "Gosto da sensação daquela sensação duradoura das frases quando elas se diagramam a si mesmas". Eis que a gramática usada por Stein não é a gramática inglesa, é a gramática da liberdade absoluta steiniana. Com toda essa autonomia, as frases de Stein também colaboram para a instância da sincopação a ser verificada no ato tradutório.

Vale ainda expor a relação muito peculiar que Stein desenvolve com as classes de palavras. Para ela, por exemplo, se um substantivo já é o nome de alguma coisa, não há sentido em, depois que algo é nomeado, escrever sobre a coisa; o escritor deve, antes, sentir o que existe dentro dessa coisa e não chamá-la usando o substantivo pelo qual ela é conhecida. Stein também não considera interessantes os adjetivos. Já os verbos e advérbios, artigos, conjunções e preposições "são vivos porque todos eles fazem alguma coisa e enquanto algo faz alguma coisa se mantém vivo".[3] E, por fim, comentar a posição de Stein em relação à pontuação. Para ela alguns sinais são interessantes

[2] Idem, p. 90.
[3] STEIN, G. 1971, p. 128.

e outros não são. Entre os nada interessantes ela destaca o ponto de interrogação. Ela diz que não há problema se o ponto de interrogação for usado sozinho para, por exemplo, marcar o gado, ou como um objeto decorativo, mas, quando está ligado à escrita, ele é totalmente desinteressante. Para ela: "É evidente que se você faz uma pergunta você faz uma pergunta mas qualquer um que saiba ler sabe quando uma pergunta é uma pergunta como é escrita na escrita".[4] Para o tradutor de Stein ao português, esse comentário se configura um grande problema, uma vez que não temos, em nossa língua, a garantia de que a frase é interrogativa pelo simples deslocamento do verbo auxiliar, como se dá em inglês. Quando Stein questiona por que devemos usar pontos de interrogação, já que eles são sinais ("revoltantes") que não agradam nem à visão nem à audição (sendo, para ela, tão inúteis quanto os substantivos), ela abre um espaço problemático para a tradução de seus textos. Para marcar as frases interrogativas, muitas vezes optei, na minha tradução, por colocar o verbo na frente do sujeito, criando uma "estranheza" que leva o leitor a reler e perceber o caráter interrogativo da frase. Como, em português, fazer uma pergunta ser uma pergunta sem pontuação

Contrária ainda aos pontos de exclamação e às aspas, por serem "feios" e por estragarem a linha escrita[5] e também às vírgulas, que são "servis", Stein terá uma predileção por pontos finais, já que estes têm vida própria, necessidades, sentimentos e tempos próprios. Desde estes detalhes gramaticais, ao amplo contingente de ordem filosófica que a escrita de Gertrude Stein prevê, tudo são desafios para o tradutor. Ao apontar algumas complexidades da composição steiniana não pretendo minimizar as limitações das minhas tentativas de tradução; gostaria apenas de dar uma contribuição para a divulgação em português da extraordinária voz e expressão literária de Gertrude Stein — para que quando este livro/*this* você vir, lembre-se dela.

[4] Idem.
[5] Idem, p. 129.

O QUE VOCÊ ESTÁ OLHANDO

NOTA DAS ORGANIZADORAS

Esta tradução reproduz fielmente o texto da edição do livro *Geography and plays*, publicada pela editora Dover, em 1999, nos Estados Unidos.

O QUE ACONTECEU
(1913)

PEÇA EM CINCO ATOS

ATO UM

(Um.)

Sonoro e sem catarata. Nem todo incômodo é deprimente.

(Cinco.)

Uma só soma quatro e cinco juntos e um, nem todo sol um claro sinal e uma troca.

O silêncio está na benção e perseguição e coincidências estando maduras. Uma simples melancolia claramente preciosa e na superfície e cercada e misturada estranhamente. Uma janela vegetal e claramente mais claramente uma troca em partes e completa.

Um tigre um sobretudo enlevado e cercado seguramente planejado com manchas velho o bastante para ser julgado útil e espirituoso muito espirituoso num segredo e numa agitação ofuscante.

Comprimento o que é comprimento quando o silêncio é tão janeloso. Qual a função de uma ferida se não há nenhuma junta e nenhum puxa-saco e nenhuma etiqueta e nem mesmo um apagador. Qual é a troca mais comum entre rindo mais e o máximo. Descuido é descuido e um bolo bem um bolo é um pó, é muito provável que seja pó, é muito provável que seja bem pior.

Um obturador e só obturador e Natal, muito Natal, um obturador só e um alvo uma cor total em cada centro e fotografar real fotografar e o que pode ouvir, que pode ouvir isso que faz tal estabelecimento provido do que é provisionário.

(Dois.)

A ação urgente não está na bondade não está em relógios não está em rodas-d'água. É a mesma tão essencialmente é uma preocupação uma real preocupação.

Um silêncio um desperdício total de uma colher deserta, um desperdício total de qualquer pequena lasca, um desperdício total completamente aberto.

(Dois.)

Paralisia por que a paralisia é uma sílaba por que não é mais vivida.

Um sentido especial um sentido muito especial é ridículo.

(Três.)

Sugerindo uma artemísia com um peru e também algo abominável não é a única dor que há em tanto provocar. Há até mesmo mais. Começar uma conferência é um modo estranho de retratar sujas flores de maçã e há mais uso na água, certamente há se lá se estará pescando, água suficiente criaria deserto e até mesmo ameixas secas, faria nada lançar qualquer sombra porque afinal não há humor mais prático numa série de fotografias e também numa escultura traiçoeira.

Qualquer pressa qualquer pequena pressa tem tanta subsistência, tem e escolhendo, tem.

ATO DOIS

(Três.)

Quatro e ninguém ferido, cinco e ninguém florescendo, seis e ninguém falante, oito e ninguém sensato.

Um e um erguer de mão esquerda que é tão pesada que não há nenhum modo de pronunciar perfeitamente.

Um ponto de precisão, um ponto de um estranho fogão, um ponto que é tão sóbrio que a razão que sobra é toda a chance de inchar.

(O mesmo três.)

Um largo carvalho um carvalho largo o bastante, um bolo muito largo, um biscoito relâmpago, uma caixa única ampla aberta e trocada recheada da mesma pequena bolsa que brilha.

O estrangeiro melhor o único superior e que se move mais para a esquerda.

A mesma bondade há em todos os limões laranjas maçãs peras e batatas.

(O mesmo três.)

Uma mesma moldura um portal mais triste, um portão singular e uma desventura entre parênteses.

Um mercado rico onde não há memória de mais lua do que há em todos os lugares e ainda onde estranhamente há vestes e um conjunto completo.

Uma conexão, uma conexão de xícara de marisco, um estudo, um ingresso e um retorno para deter-se.

ATO TRÊS

(Dois.)

Um corte, um corte não é uma fatia, qual é o momento para se representar um corte e uma fatia. Qual é o momento para tudo isso.

Um corte é uma fatia, um corte é a mesma fatia. O motivo pelo qual um corte é uma fatia é que se não há pressa qualquer hora é exatamente tão útil.

(Quatro.)

Um corte e uma fatia há alguma dúvida quando um corte e uma fatia são exatamente o mesmo.

Um corte e uma fatia não têm nenhuma troca especial ela tem uma exceção tão estranha a tudo aquilo que é diferente.

Uma fatia cortada e única, só um corte e só uma fatia, as sobras de um sabor podem sobrar e o saborear é exato.

Um corte e um momento, uma fatia e um substituto uma única pressa e uma circunstância que mostra que, tudo isso é tão razoável quando tudo está claro.

(Um.)

Completamente só com a melhor recepção, completamente só com mais do que a melhor recepção, completamente só com um parágrafo e algo que vale algo, vale quase qualquer coisa, vale o melhor exemplo que há de um arcebispo ocasional pequeno. Isto que é tão limpo é precioso pequeno quando não há água de banho.

Muito tempo um tempo muito longo não há uso em um obstáculo que é original e tem uma fonte.

ATO QUATRO

(Quatro e quatro mais.)

Um aniversário, que é um aniversário, um aniversário é um discurso, e uma segunda vez quando há tabaco, é só uma vez quando há veneno. E mais de uma vez quando a ocasião que mostra uma brusca separação ocasional é unânime.

Uma manta, o que é uma manta, uma manta é tão veloz que calor muito calor é mais quente e mais fresco, muito mais fresco quase mais quase mais fresco que em qualquer outro momento muitas vezes.

Uma culpa o que é uma culpa, uma culpa é o que surge e adverte cada um para permanecer calmo e um oceano e uma obra-prima.

Um pires esperto, que é um pires esperto, um pires esperto é provavelmente experiente e tem até dedos do pé, tem coisas minúsculas para sacudir e realmente se não fosse por causa de uma cor azul delicada existiria alguma razão para todo mundo diferir.

A objeção e a perfeita mesa de centro, a tristeza em pedir emprestado e a pressa em um sentimento nervoso, a pergunta isto é realmente uma peste, isto é realmente um oleandro, isto é realmente cor de açafrão, o apetite superável que mostra inclinação para ser mais caloroso, a segurança em um par e a segurança em um pequeno pedaço de estilhaço, a real razão por que cacau é mais barato, o mesmo uso para pão como para qualquer respiração que é mais macia, a conferência e a venda circundante vasta alva suave desigual e distribuída de mais e contudo menos nem é melhor, tudo isso transforma um olhar em uma estação, um chapéu em uma cortina isso em subir mais alto, um desembarque e muitos muitos mais, e muitos mais muitos mais muitos muitos mais.

ATO CINCO

(Dois.)

Um pesar um único pesar faz uma porta de entrada. Que é uma porta de entrada, uma porta de entrada é uma fotografia.

Que é uma fotografia uma fotografia é uma visão e uma visão é sempre uma visão de algo. Provavelmente há uma fotografia que dá cor se há então há aquela cor que não muda mais do que mudou quando havia muito mais uso de fotografia.

Tradução: Luci Collin

UMA PEÇA CURTA
(1913)

Seis.
Vinte.

                        Doido.

Atrasado,
Fraco.

                       Quarenta.
Mais em alguma umidade.
Sessenta e três certamente.
Cinco.
Dezesseis.
Sete.
Três.
Mais ordenadamente.   Setenta e cinco.

Tradução: Dirce Waltrick do Amarante

VINHOS BRANCOS
(1913)
Três atos

Todas juntas.
Testemunhas.
Casa para abrigar.
(5 mulheres)

Todas juntas.

Astuto muito astuto e barato, a este preço uma venda é um lugar para usar máquina de escrever. Vamos voltar para casa.

Astuto, astuto, muito astuto, um bloco um bloco estranho está cheio de asfixia.

Não muito astuto, não astuto o suficiente para argúcia e um golpe e riso descuidado, não astuto o suficiente.

Um favorito, um favorito de inverno e um de verão e qualquer tipo de favorito, todo um desperdício de favoritos e não mais dificilmente mais do que nunca.

Uma colher tocante uma real colher tocante é de ouro e mostra nesta cor. Uma colher realmente tocante é esplêndida, é esplêndida, e escura e é quase tão certa que não há desculpa.

O melhor modo é acenar um braço, o melhor modo é mostrar mais acostumado a isto do que poderia ser esperado.

Consolar uma forma súbita de ir para casa, console que e a melhor modo é conhecido.

Todas juntas.

Segure firme em uma decisão sobre olhos. Segure a língua em um valor sóbrio como sobre bandos. Veja a indicação em todos os tipos de paisagens rigorosas. Soletre o que é de se esperar.

Mostrar muita culpa em ordem e tudo lá, mostrar muita culpa quando há um fôlego numa flanela. Mostrar a língua firmemente ao comer. Confundir qualquer um.

Violeta e a tinta e a velha ulster, fechada em tremor e toda uma partida, inundar a luz do sol, aterrorizar a fralda adulta, misturar doçura e comunhão.

Todas juntas.

Trocar a sucção por uma pequena sucção.

Modificar o bravo corajoso cata-vento. Mostrar o grito, preocupação com feridas, amar até o fim o que é um pingente e um engasgo e um vestido em conjunto.

Punir o gafanhoto com agulhas e alfinetes são muitas. Mostrar a velha fissura.

Todas juntas.

Pôr a massa em frente à porta pôr o vidro de óleo com o que é verde. Pôr a doce escolha com todo o teste, enferrujada com a noite e linguagem na cintura. Louvar o gato e mostrar o cordão a porta, citar cada sobra de tapete de linho, ver a águia e contemplar o ocaso, ganhar a luz do dia com o chapéu desamassado, mostrá-lo num arrepio e num coxear, fazer um contêiner melhor sem velocidade, e uma jaqueta e uma escolha e beterrabas, beterrabas são o que há quando há menos apostas. Há menos apostas no verão.

Testemunhas individuais

(1). Um caso separado é tão pessoal é uma montanha de mudança e cada pequeno pedaço é pessoal, cada um deles é uma troca. Nenhuma premeditação é removida. Nada, obstáculos, lisonjas, um seguro alisar, um seguro por que é uma língua uma estação, por que é um lombo gordo por meio de estrago. Não há bolo na frente. Uma asfixia é um exemplo.

Mais testemunhas.

É verdade, por certo é verdade e um casaco qualquer casaco, qualquer vestido, todo vestido, um chapéu, muitos chapéus, todas as cores, todos os tipos de coloração, tudo isso torna sombras mais longas e aves, torna aves, apenas faz aves.

Não muito coxear está na parte de trás, não muito coxear está na frente, não muito coxear é circular, um seio, uma vela, uma elegante queda, tudo isso faz a luz do dia.

Testemunhas individuais.

(2). Um erro num carregador é azul. Um bolso não mais alto do que o punho e o cotovelo, o bolso não é adicionado.

Um agarrar, um agarrar real é alegre e uma piada e um bebê, um real agarrar é uma forma tão alegre. Um agarrar real é tão logo preocupado tão facilmente fez o mesmo, assim logo fez assim.

Um verdadeiro branco e azul, azul e azul, azul é elevado por ser assim e mais muito mais está pronto. Por fim uma pessoa está segura.

Mais testemunhas.

Empilhar as janelas, congelar com as portas, pintar com o teto, prender os pisos, pintar com o teto, pintar com as portas, prender o teto, barrar as portas, prender as portas, prender os pisos, prender os pisos, prender as portas.

Mais testemunhas.

Ponha de lado a paciente cabra, ponha de lado o barco paciente, ponha de lado o barco e ponha, o barco, ponha, ponha de lado este barco. Ponha de lado o barco.

Testemunhas individuais.

(3). Um exército de bigodes invencíveis e sempre prontos e toda a mesma mente e um modo de entrelaçar e não mais repertório, não mais nenhum ruído, isso aumentou a cada dia.

Uma lua, uma lua, uma escuridão e as estrelas e pequenos pedaços de enguias e um molho especial, não um molho muito especial, não só isso.

Um amplo par que não são chinelos, não um amplo par de chinelos, não pressionado para ser qualquer um dos que em particular mas por certo, por certo, por certo um empréstimo, por certo todo o tipo de capital.

Mais testemunhas.

Um esplêndido pequeno charles louis philip, um esplêndido jorro de pequenos copos e frios, uma esplêndida provocação, um vidro esplêndido, uma esplêndida lasquinha, um grupo esplêndido.

Testemunhas individuais.

(4). Por que deveria molhado ser aquilo e cortar, cortar com a grama, por que deveria molhado ser aquilo e tornar-se o tesouro, por que deveria molhado ser molhado e o molhado aquele molhado. Por que deveria molhado ser a hora da aula. Por que deveria haver escavações solenes.

O latido definido, isto é a redonda e intensa e comum parada e em gritar, o latido esquerdo e o latido direito e cantar alto, neste cantar, em nenhum cinto e um espartilho, num cantar e tarefas, num cantar e únicos pontos, em mais meninos do que suficiente, em toda a cerveja fraca e em todos esses ovos, em toda a pilha e em todo o pão, no pão, no pão, na condição de quase dizer que ontem é hoje, e amanhã, amanhã é ontem. Toda a fraude está no pedaço de bolo e bolo de escolha é bolo branco e bolo branco é pão de ló e pão de ló é manteiga.

Casa para abrigar.

(1). Um hábito que não é deixado por sempre gritar, um hábito que é semelhante ao que fez quieto bem quieto e fez toda a planície mostrar pó e pássaros brancos e lamentosas gotículas d'água, um hábito que iluminou a borboleta que retornava e a erva amarela e até mesmo que caía, o hábito que fez um poço escolher o fundo e recusa todas as chances de mudar, o hábito que corta em dois o que era para o uso do mesmo número, o hábito que creditou um longo toque ao levantar a mesa e a ampulheta e até mesmo óculos e bastante leite, o hábito que fez um pequeno pedaço de queijo saudável e amarga a escuridão e o bater uma maneira simples de ser solene, um hábito que tem a melhor situação e quase toda a aurora e a escuridão um hábito que é cauteloso e sério e estranho e violento e até mesmo um pouco perturbado, um hábito que é melhor do que quase qualquer coisa, um hábito que é tão pouco irritante, tão admirável e tão improvável não é mais difícil do que todos os outros.

(2). Uma mudança uma mudança real é feita por uma peça, por qualquer peça por uma completa mistura de palavras e aparências e contornos inteiras e faixas, uma mudança é uma ponta e uma carroça e uma instituição, uma mudança é uma doçura e uma inclinação e um pacote, uma mudança não é toque e zumbir e crueldade, uma mudança não é escuridão e vibrar e altura, uma mudança não é estação e inverno e partir, uma mudança não é palco e bolha e coluna, uma mudança não é preto e prata e cobre, uma mudança não é geleia e coisa alguma adequada, uma mudança não é lugar, uma mudança não é igreja, uma mudança já não é vestido, uma mudança já não é entre quando há isto e a mudança é do tipo e o rei é o rei e o rei é o rei e o rei é o rei.

(3). Poderia haver o melhor quase poderia haver quase o mais, poderia haver quase quase, poderia haver o mais quase. Poderia haver o mais quase, poderia haver o mais quase, poderia haver quase quase. Poderia haver quase, quase.

Pode o trecho ter qualquer escolha, pode a escolha ter cada pedaço, pode a escolha ter toda a escolha, pode o trecho ter na escolha. Pode haver água, pode haver água e água. Pode haver água. Pode haver.

(4). Um primo para caricaturar, um primo para isto e trabalho misto e uma laranja estranha e uma altura e um pedaço de fone bento e um contagiante copo cartola e um pouco de empreendimento.

Tudo isso faz salgueiros e mesmo assim não há uso em espanar o pó não em realmente reespanar, não em realmente levar tudo embora. A melhor desculpa para sombras está no momento em que o branco é engomado e cabelo é liberado e todas as roupas antigas estão na melhor mala.

Casa para abrigar.
     Uma ferida úmida e uma mancha amarela e um vento forte e uma pedra colorida, um lugar em e todo real conjunto tudo isto e cada um tem um queixo. Isto não é uma afirmação é uma reorganização e um equilíbrio e um retorno.

Tradução: Luci Collin

ELE DISSE ISTO
(1915)
Monólogo

Falado.

 Em inglês.

Sempre falado.

Entre eles.

Por que você diz ontem especialmente.

Por que você diz por nomeação especial é isto um erro é isto um grande erro. Isto eu sei. O que são e além disto tudo o mais é um desejo por lenços brancos.

Você deverá tê-lo.

Isto é o que nós damos. Nós damos isto com um chapéu. Puxa. Muitas pessoas são preciosas. São eles. Eu não pergunto.

Este é o meu medo.

Oh querido Oh querida pensei que o fogo estava fora.

Considero muito saudável comer figos cristalizados não figos secos não dou a mínima para figos secos.

Considero necessário comer ameixas cristalizadas e uma maçã. Senti que este era o único conselho que eu poderia dar. Tem sido bem-sucedido. Eu realmente sinto grande satisfação com os resultados. Ninguém pode dizer que cabelo curto é inconveniente.

Quais são as obrigações da maternidade. Leitura e dormir. Também copiar. Sim obrigado.

Você está satisfeito.

Eu não estou satisfeito.

Estou muito satisfeito.

Foi uma noite muito proveitosa.

Não é muito provável que ela estivesse satisfeita.

Prazeres da perseguição. Você gosta de bandeiras. Eu acredito em pintá-las. Eu também indago sobre a sua origem. São simples em cor ou têm vários desenhos. Ninguém pode estar tão satisfeito como estou pode estar mais satisfeito do que eu. Estou ainda mais satisfeito com a relação social que estabeleci com um grande número de conhecidos. Comecei tentando alterar alterar o método de ramificação. Eu não o considero distinto. Então achei que ao escolher e pedir outras pessoas para acrescentar eu poderia me satisfazer. Isso é história.

Viu ele que iria matar um coelho. Muitos coelhos são problemáticos. Eu não me importo de comer o que ele estava para nos dar.

Você não se importa de comer coelho.

Quem é o nosso benfeitor. Vejo claramente que você cometeu um erro. Você me respondeu em tom desafiador. Eu não.

Grandes espaços de tempo são preenchidos por minha narração de como cantar.

Como você canta.

Alguns cantam tão bem que riem.

Outros cantam tão bem que são rosas.

Fiquei muito satisfeito com bordados muito muito satisfeito com bordados.

De fato.

Na verdade eu penso só.

E faço listas.

E faço listas.

Eu não faço listas.

Não é trabalhoso fazer listas.

Sinto uma satisfação infinita no pensamento de que parei de me preocupar.

Na verdade você nunca se preocupou.

Quem pode estar disposto a deixar um barco norte-americano. Ninguém.

Isto é o que eu disse.

Eu disse isto a um inglês.

Governado. Ser de fato governado.

Eu falo disto gentilmente. Eu não conto a ele sobre a escuridão. Ou ninguém.

Muitas pessoas temem a distração e divertem-se com discussão. Não eu.

Eu sou particularmente adaptável. Não tenho opinião. Quando me perguntam eu digo que é angustiante não estar certo. Não é angustiante para mim. Eu me acomodo a isto. Sou inclinado a ser falante.

Você é.

Sim senhor.

Esta é a maneira que eu digo isto. Eu peço a qualquer um para dizer uma tigela de água. Isto não é difícil. Então rosas nela. Eu prefiro amores-perfeitos. E você. Ou margaridas. Não nós não consideramos flores silvestres. Esta não é a razão. A verdadeira razão é o odor. Algumas pessoas gostam de um odor forte como azaleias ou flores de amêndoa ou mesmo nardos. Eu gosto muito deles. Gosto muito de todos eles. Eu você.

Sim eu gosto.

Outro dia vi uma mulher fazendo tricô ela estava fazendo isto tão rápido e então entendemos o motivo. Ela estava tricotando com algodão. Isto é bem o costume do país.

Por que você quer ouvir isto.

Fiquei muito satisfeito com isso e agora eu quero dizer-lhe como fazê-lo. Isto é o que perguntar. Você faz decorações. Você agrada a si mesmo. Você é fantasioso. Tem algum uso para a cor. Você pergunta por semelhanças estranhas. Vocês todos sempre foram alegres. Você acredita na história. Você tem autoridade.

Você espera parecer egoísta. Você espera. Me pergunto sobre isso.

Por que você fala sobre intervalos.

Você quer dizer uma série.

Sim quis dizer isso. Você se lembra que eu disse isso.

O que eu sinto hoje. Sinto que eu sei de fato como arejar uma mulher.

Você quer dizer que eu torno isto frio demais. Bem para ter certeza que eu sou egoísta eu me sento diante do fogo. Eu realmente deveria dar-lhe o melhor lugar mas é que eu não gosto de mudar.

Você querido você é tão doce para mim.

Um tapete no chão faz uma grande diferença.

Na verdade existe um granito que é chamado de mármore e com razão chamado de mármore porque ele é encontrado aqui. Você sabe onde ele é feito. Sim eu já vi isso.

Sim é o que dizem.

Vá dormir.

Este é o meu jeito.

Ao falar eu tenho uma crença em dizer que eu disse isto por último.

Algumas pessoas são diferentes de mim.

Isto é uma frase.

O que foi que ela me lembrou.

Isto é satisfatório.

Há um grande número de planos. Será que vai haver uma boa crise. Eu não sei. Em nossos assuntos. Não as nações. Não falar com ela sobre isto.

Eu não estou certo de que eu gosto de liberdade.

Você não.

Claro que não.

Continuamos dizendo o que ele disse.

Não posso entender por que você me contradiz.

Aqui estamos eu tenho um casaco sobre os joelhos.

Não há nenhuma maneira de falar inglês. Eu digo que não há maneira de falar inglês. O que você quer dizer. Quero dizer que qualquer um pode começar e ir em frente. E terminar. É muito fácil e especialmente difícil quando há uma utilidade. Por que você fala de troca. Eu não sei o que eles falam de troca. Eles dizem que acreditam em troca. Eu frequentemente não falo sobre nada.

Que tenho eu a dizer.

Eu gostaria de falar com você o que vamos fazer sobre a água. A água está em toda parte. Imagine-me na cama. Nós fomos muito cuidadosos para perguntar sobre isso.

Não para os dentes.

Por que você fala sobre isso não para a menina.

Ele não foi naturalmente capaz de pagar pelo concerto. Ele não foi naturalmente capaz de pagar pelo concerto.

Eu não estou falando de mim mesmo.

Eu posso fornecer peles.

No verão.

Hoje.

Não está muito frio.

Mas ficará.

O que ele disse. Ele disse que era explicativo. Eu disse que era explicativo. Eu disse que tenho cuidado de escalar. Não para a cama. Sim para a cama. Por quê. Porque você nunca pode falar sobre as ripas. Lembro-me dessa palavra.

O que ele disse hoje.

Muitas montanhas têm mares perto delas.

E a lua. A lua não tem maré.

Quando você diz isso.

Toda noite.

Por que.

Porque eu nunca vi tanto luar.

Eu sinto isto muito.

Muitas pessoas estavam ouvindo. Seu ficar com raiva.

Falando sobre sentimento.

Esta tarde fomos para Nova York e passamos o dia juntos. Nós dissemos por qual caminho devemos andar.

Ao ler os jornais muitas vezes me surpreende a maneira diferente como me impressiono com as notícias. Deveria eu estar alegre. Eu não deveria. O Sr. Sandling diz que eu sou. Na verdade eu sou.

Nós não esperamos isso hoje. Vamos ao Soller.

Todos vocês me ouçam.

Gosto de ver as rochas quero dizer pedras.

Eu não quis dizer isso sobre o relógio.

Aqui estamos.

Ela conta ou canta no canto.

Conto sem conta.

Gosto muito de dizer isso.

Você gostaria de ter dito isso primeiro. Não exatamente. Repito com mais frequência. Um grande número de pessoas ouve você. Não agora.

Tudo sobre o balanço. Balanço onde. Em uma lâmpada. Você quer dizer eletricidade. Sim quero dizer eletricidade. Cera.

Leia para mim.

Nós fomos até a cidade e encontramos o sr. e a sra. Somaillard. Nós bebemos algo lá e dissemos que se eles esperassem viríamos buscá-los em uma carruagem. Tivemos várias coisas para fazer primeiro.

Eu quase disse isso junto.

Acho eu que eles vão.

Breves passeios lhe cansam.

Prezado Senhor. Este é o fim do dia e eu sou capaz de explicar que tivemos uma grande quantidade de problemas.

Sinto que deve haver um horário regular para as laranjas.

Ah sim de fato.

Nunca vi tantas árvores.

Foi uma surpresa para você.

Digo que tenho certeza de que muitas coisas podem ser ditas.

Chame isso de amor de fã.

Não me importo de ver pedaços.

Você não.

Na verdade você não.

Deixando de lado as pedras o que você acha do clima e do país.

Acho ambos deliciosos.

Eu também.

E nós nos divertirmos.

Oh muito.

Sim e a que horas você acorda.

Às sete e meia.

Eu não me levanto até as nove.

Qual é a data de hoje.

Desejos

Ele deseja pensar.

Não os aflija.

O que fazemos é isso nós damos isto a eles.

O que ele disse.

Ele disse que esperava estar doente. Ele disse que ele disse que esperava não estar muito bem. Sim sr. Lindo Webb.

Sim sra.

Você deveria sempre falar o nome.

Não sinto que possa mencionar isto.

Você acredita em mim.

Você está surpreso que você chegou tão longe.

Para mim não para mim.

Insultando sim ela é um insulto ela pergunta se nós já ouvimos falar de um poeta chamado Willis.

Alice sim. Eu não. Ela diz que ele pertencia a um grupo. Como Thoreau.

Eu não estou descontente com o comentário.

Será que vamos ver a festa. A água é divertida.

Será que eu quero ir embora.

Não na verdade eu não quero ir embora.

Dois meses.

Em dois meses.

Educadamente sinta minha falta.

Chamar o quê.

Chame Milly.

Você não entende a diferença.

Ele queria cinquenta dólares por seis dias.

Nós não recusamos uma visita.

Ninguém recusa uma visita.

Eu sim.

Sei.

Um breve fim. Que barulho foi esse.

Estou muito contente por ter um bom fogo.

Aqui estão as minhas estrelas e listras.

Sim é a bandeira.

Que horas são.

De dia.

Naturalmente e a manhã.

Eu sempre vou bem preparado.

É claro que você iria.

O que eu acho.

Não é isto certo.

O quê.

Que há muitos lugares onde alguém não estaria tão confortável.

Onde nós não estaríamos tão confortáveis.

Certamente eu não nego isso.

Temos sido tão felizes aqui. Sim mas isso não tem nada a ver com as pessoas. Não não tem. Mas eu gosto de ver o que vejo aqui. Você sabe perfeitamente bem que você também estará tão satisfeito com algo mais.

Por que as mulas andam juntas. Porque essas pessoas são religiosas. Elas são muito religiosas. Foi você convidado.

Então eu vou terminar isto aqui.

Isto é muito fácil de agradar. Xícaras e pires juntos.

Nós vamos fazer um piquenique. Com frango não hoje hoje teremos ovos e salada e vegetais e pão integral e o que mais. Tabaco falsamente contrabandeado. Você quer dizer que não é tabaco. Não são só folhas. Eu rio.

Tradução: Luci Collin

VOZES DE MULHERES
(1916)
PEÇA CURTA

Vozes de mulheres dão prazer.

O segundo ato é fácil de dirigir. Direção não é no inverno. Aqui o inverno é ensolarado.

Isso surpreende você.

Vozes de mulheres juntas e então ela entrou.

Muito bem boa noite.

Muito bem boa noite.

(Sra. Cardillac)

Isso é prata.

Você se refere ao som.

Sim ao som.

ATO II.

Por Deus senhorita Williams eu não quis dizer que eu era mais velha.

Mas você era.

Sim eu era. Não me desculpo. Sinto que não há nenhuma razão para eu ultrapassar um arquiduque.

Você gosta da palavra.

Você sabe muito bem que todos eles a chamam de sua casa.

Como Cristo foi para Lázaro assim foi para Mahon o criador da colina.

Você acha realmente isso.

Sim, eu acho.

ATO III.

Sim Genevieve não sabe. O quê. Que estamos vendo César.

Os beijos de César.

Beijos hoje.

César beija todo dia.

Genevieve não sabe que é somente neste país que ela pode falar assim.

Ela fala muito bem não é. Ela lhes disse que não havia a mínima intenção por parte de seus compatriotas de comer o peixe que não foi pescado em seu país.

Nisso ela estava errada.

ATO IV.

O que são vozes de mulheres.

Você quer dizer acreditar em mim.

Você apanhou sol.

Nossa como você apanhou sol.

CENA II.

Você disse que eles eram diferentes. Eu disse que isso não fez nenhuma diferença.

Onde faz. Sim.

Sr. Richard Sutherland. Esse é um nome que eu conheço.

Sim.

O Hotel Victoria.

Muitas palavras que me foram ditas pareciam inglesas.

Sim devemos ouvir uns aos outros e contudo o que são chamadas vozes é a decisão certa para descrever bailes.

Bailes de máscara.

Sim bailes de máscaras.

Pobre Augustine.

Tradução: Dirce Waltrick do Amarante

DEIXE-NOS IR EMBORA
(1916)
UMA PEÇA

(Theodore.) Não acho que a culpa seja minha não acho que eu poderia fazê-lo tão inconscientemente. Acho que ela o traz todas as manhãs.

(Nicholas.) Eu costumava ser apressado, agora imagino que não serei.

(Theodore.) Não é necessário dançar ou cantar. Vamos cantar aquela canção. Vamos chamá-los por seus nomes Nicholas. Theodore nós vamos. Estamos desonrados. Visitamos um ao outro e dizemos adeus.

(Nicholas.) Não gosto de ser provocado. É tão fácil matar mosquitos mas para que serve isso quando somos desencorajados pela guerra. Nós somos e também os japoneses. Nunca vamos mencioná-los.

(Theodore.) Minha ideia principal é fazer minhas refeições em paz.

Eles se retiram. Várias pessoas entram. Com uma delas há um cão. Seu nome é Polybe. Elas conversam entre si.

100 dólares adeus adeus adeus.

(Jane e Nicholas e Theodore e o advogado e as crianças.)

(Jane.) Eu falo devagar. Eu o faço intencionalmente.

(Henry.) Temos fragmentos. Gritamos às vezes. Quando duas bandas estão tocando elas tocam longe. Algumas tocam nas casas das pessoas. Dizemos silêncio.

(Arthur.) Desonrado. Nunca acredite em setembro. Nunca acredite em setembro no sentido de visões.

(Henry.) Eu sei o refrão. Casos individuais não apresentam a prova da guerra para mim. De repente eu lembro e confio nisso. Estou envergonhado. Eu tenho paciência e bom sentimento. Estou gostando do novo barco. Ainda é pintado de branco e é extremamente decepcionante. Alguém está disposto. Oh estou enojado. Esta não é a conversa.

(Helen.) O mesmo. Sou um personagem acomodado. Tenho visões de que vou dar-lhes as boas-vindas. Eles de fato se comportam tão bem e comem tão regularmente e muito bem também. Eles cultivam amêndoas em seus terrenos e eu gosto de comê-las verdes ou mais tarde. Gosto de comê-las. Eles estão dispostos. Não me decepcione. (Nicholas.) Não chore.

(Nicholas.) Estou procurando uma vela. Eu a tenho. Eu a colocarei numa caixinha de joias veneziana. Por favor, deixe-a sozinha. Não me provoque. Eu a tenho. Posso colocá-la.

(Theodore.) Estamos completamente.

> Silêncio e as luzes estão apagadas. Todo mundo está rindo. Eles dizem. (Deixe-o sozinho. Gostamos de ouvi-lo.) Eles são muito pacientes. (Não posso poupar outro lenço.)

Qualquer um pode entrar. Ficamos surpresos ao ver músicos. Havia empregados.

(Albert.) Não o repita. Eu te digo que não o terei. Terei um juiz de paz.

> (Ele fez.)

Jenny está doente.

(Jenny.) Estou doente.

(O advogado.) Fui várias vezes te ver e todo dia eu disse eu te amo mais eu realmente te amo mais. É isso.

Eles estavam juntos e eles disseram John você está indo. Ele disse algo.

Eles estavam todos juntos.

Muitas vezes penso sobre isso.

Genevieve era paciente. Ela estava com raiva porque a água era de outra cor.

Ela disse. Ele é muito bom agora.

Uma cena em que há duas casas. Uma de cada lado e nós estamos no meio há muita conversa numa delas. Na outra eles ceiam.

(Nicholas.) Anthony. Henriette abra a outra porta e conte à mamãe. Vou contar à mamãe.

Manhê, cuco-cucoooo.

(Pirata.) O que é um pirata não é um homem que mata e persegue barcos mas aquele que tem uma família, ele é aquele que vem para casa hoje, ele espera ser odiado. Nós não sentimos isso.

Uma cena.

Todos eles riem.

Por favor alugue um jardim para galinhas e um peru.

Eu me pergunto se gosto de dançar.

Eu posso citar um assunto que é agradável tão agradável e emocionante e há três nomes dois deles são quase iguais.

Nós estamos lá.

A cena

Conversa. Perguntei-lhe se ele gostava de ouvir o cachorro latindo. Ele disse que atiraria nele. Eu disse você gostaria de ouvi-lo. Estávamos envergonhados de seus empregados. Eles conversavam juntos em voz alta. Esperávamos que ele iria controlá-los. Ele o escreveu. Assim o fizeram juntos. Por favor fiquem em paz. Digam a data. Por favor possuam Fangturm. Por favor fiquem em paz. Por favor não pesquem tão perto da costa. Por favor não sejam levados a comprá-lo enquanto ele está vivo. Não é nojento. Nenhum de nós está muito satisfeito.

(Nicholas e Jane.)

Eles são velhos. Eles ficaram com a casa no mês de setembro e esperamos muito que eles partam. Esperamos muito que eles partam.

O proprietário veio e levou as amêndoas. Dissemos não leve as uvas, não lhe daremos a chave.

Fomos tão longe quanto isso.

Canção maiorquina.

Todos eles estão cantando eles cantam a canção sobre a galinha. Jenny Galinha não canta uma canção sobre a galinha. Ela diz que não gosta delas pequenas.

Estou tão enfadado.

Estou com raiva.

Estou com raiva desses sons. Eles dizem.

Esta é a Espanha e eu digo. Não é.

(Nicholas.) Eu tenho uma governanta. Ela me diz para rezar. Não sou religioso.

Empregadas podem falar umas com as outras. Duas delas têm cabelo longo. Todas o usam caído nas costas.

Entre. Não viremos esta noite. Esperamos ver os fogos de artifício. Haverá também uma procissão. Você acredita que verá a procissão. Veremos os fogos daqui.

(Paul.) Trovão. Não vai chover ainda. Geralmente não chove nesta estação. Espero que aconteça uma guerra. Eu gostaria de ser intérprete.

(Antônio.) Eu acredito em diversão. Tem sido possível para mim pegar peixes. Não quis fazer o almoço deixando dois jovens encarregados disso. Seus nomes eram Clarence e Emanuel.

(Clarence.) Vou tomar conta de tudo.

(Emanuel.) Vou te ajudar.

(Pablo.) Serei de alguma ajuda.

(Antônio.) Virei quando chamado.

(Maggie.) Eu não gosto de calor.

A parte da casa que tem janelas atrás e na frente é mais fresca.

Vindo junto.

Nos movemos.

Vou lhe contar sobre Eugênia. Ela mudou a mesa e espera se casar. Acho que não porque não a acho atraente. Não há uma família em que alguém não borde. É um grande afazer.

O vento.

Há vento todos os dias.

Estou tão desapontado.

É difícil parar agora por causa das dificuldades. Agora vamos falar das coisas que foram enviadas juntas.

Ficamos surpresos que não eles tivessem se mudado. Casas abertas.

Continue. Continue.

Tornando as pessoas melhores.

Os empregados. Eles disseram que eram da Espanha. Eu disse que eles não eram. Eu disse que espanhóis eram educados.

(Nicholas.) Tenho visto o cônsul ele vai me dar meu passaporte.

(William.) Mas ele não pode ele é apenas agente consular. Ele tem que enviar para Barcelona.

(Nicholas.) Eu não estava falando dele. Estava falando do embaixador.

(William.) Oh isso é outra questão.

Sr. e Sra. Clement entraram eles disseram que tinham perdido um amigo.

Música.

Quando pedem dinheiro para os marinheiros que se afogaram eles fazem música alegre.

Quando eles dizem aqui está alguém que se recusa a dar-lhes algo eles são impertinentes.

(Irmãos.) Como iríamos saber que eles eram irmãos. Soubemos disto porque eles têm a mesma perplexidade. Ele perdeu dinheiro em barcos e ele em carros de aço.

(Oficiais.) Venha junto você pode empinar uma pipa, se quiser. Nós não gostamos. Gostamos de ver outros fazendo isso. Não tem problema nenhum. Depende inteiramente da altura da casa.

Nicholas Jane e Anthony e a chuva do entardecer. Ela vem a cada manhã lá pelas duas e temos o hábito de nos trancar.

Me agrade. Eu vou.

Três meses sim três meses.

Pilhas de iniciais ele fez pilhas de iniciais. Será que alguém pensaria que eles bordaram o nome em Maiorca.

(Stephen.) Quanto custa isso.

(Stephen.) Quarenta e cinco.

(Stephen.) Mudaremos para quarenta.

Os mais velhos começaram a ver que é perigoso ir para Marselha.

(O coronel.) Ele é dono desta casa e ele quer a colheita de amêndoa.

Nós dissemos que não sabíamos disto.

Ele disse que ele estava na locação. O Sr. Clement disse que nunca tinha ouvido tal coisa ser feita.

Encontramos um velho francês.

Encontramos as pessoas que estão por aí juntas e pedindo dinheiro.

(Genevieve.) Viúvas deveriam tê-lo.

(Bobbie.) Faça como você quiser.

Pedimos a eles que não entrassem aqui.

O negociante sua esposa e a empregada. Silêncio não acorda ninguém. Vocês não devem gritar um com o outro. Todo mundo faz isso. Nós não lhe pedimos para controlar os outros. Nós decidimos não lhe dizer nada sobre eles.

(O proprietário da casa.) Estou ajudando e além do mais sou obrigado a vir amanhã. Será que vocês farão a gentileza de me dar a chave.

(A empregada.) Será que você fará a gentileza de me dar um pouco de água. Você me mostrará o caminho a seguir.

(A esposa.) Eu não vou acreditar que eles estão acomodados. É uma grande decepção para mim.

Tempo de sobra.

A partir de amanhã podemos contar um mês antes da volta deles à cidade.

Contando o dia de amanhã podemos contar um mês antes que eles deixem o país.

É uma decepção para mim que não tenhamos sido capazes de nos livrar daquilo que está nos incomodando. É uma grande decepção para mim.

Dois contam, contamos dois.

Um veio primeiro.

Ele prefere comer molejas e ele tem uma mulher e um filho. Eu não quis dizer ele.

Ele veio mais tarde e realmente não está muito satisfeito.

Ele não se importa com os legumes que estão à venda aqui.

Conhecemos um velho que gostamos mais. Gostamos de ver que ele é recebido.

Quando o proprietário da casa decidiu escrever para nós. Ele não escreveu. Ele veio.

(O proprietário.) Foi acordado que você fique com ela por três meses. Me incomodará ter que vir uma vez por mês pelo dinheiro.

Foi acordado que ficaremos com ela por um mês e que lhe enviaremos seu dinheiro pelo correio.

(O proprietário.) Se ele se perder, a responsabilidade será sua.

Ele não se perderá.

(O proprietário.) Estou muito ansioso para que vocês gostem da casa.

Nós gostamos da vista.

(O proprietário.) Será que a tempestade fez muito estrago.

Entrou um pouco de chuva.

(O proprietário.) Eu queria dizer às árvores.

Eu não penso assim.

O que é isso.

Fomos juntos.

Não sentimos muito calor.

Fala-se muito de obrigação.

Nós nunca temos manteiga.

Nós não estamos indo.

O resto do dia foi ali. Ele disse que ficaria satisfeito se viéssemos de novo e tentou nos persuadir.

(A mulher mais velha.) Não pense por um momento em não receber de volta o que lhe é devido.

Dissemos que nós cometemos um erro.

Desculpe-me. Venham em algum momento amanhã.

Amanhã em uma semana.

Uma semana termina no domingo.

Venha amanhã.

Esta tarde às quatro.

Amanhã também.

Venha amanhã ou mais cedo não antes das seis.

Nós os teremos a-manhã.

Sim amanhã.

Eles os tiveram. Eles eram do tipo que iluminavam a si próprios. Éramos tão cuidadosos. Nós dissemos sim gostamos do tipo que tivemos.

Por acreditar em tudo acabamos por ser cuidadosos em perguntar o que foi pago.

É necessário saber como o tempo é organizado.

(William.) Dentes, não mencionem dentes. Meus dentes da frente são mais longos.

É surpreendente que todo mundo gosta de carne de carneiro.

É surpreendente.

Eu acho que é.

(Mônica.) Sou cuidadosa em relação às voltas. Subo a colina.

Ela está entusiasmada ela foi toda vez em que havia pipas voando.

(Anthony.) Faça o que fizer não faça barulho.

Por favor tenha cuidado comigo.

Vamos falar sobre aves.

Quando fomos caçar tínhamos onze cães. Eles correram atrás de coelhos. Nós fomos lá. Os nossos certamente não são mimados. Ele gosta de poder ser informado de que é verdade.

Jenny, a irmã, Nicholas e Hermann.

Quem ele chamou.

Ele não me chamou.

Ele estava esperando outros resultados. Nos inclinamos educadamente.

Ser setenta e cinco.

Ser setenta e cinco juntos.

Ser capaz de ver os pontos.

Ter decidido não ficar aqui.

Não veremos para contar.

O fim de maio

O clima em junho é como o clima em setembro. O final de maio é mais frio.

O banhista está indignado porque os maiorquinos não se banham em setembro. A água é quente em setembro. É mais quente em julho e em agosto.

(A Guerra.) Há submarinos alemães em águas espanholas.

(Signor Dato.) Não há submarinos alemães em águas espanholas.

(Marquês de Ibiza.) Eu odeio os ingleses.

(O Rei.) Você tem algumas filhas.

(Marquês de Ibiza.) Eu tenho.

(O Rei). Então as deixe sozinhas.

(O Barco Cubano.) Afundou.

(Os marinheiros.) Todos eles vieram da Praça Santa Catarina.

Todos os marinheiros se afogaram. Uma grande quantidade de dinheiro foi recolhida para suas famílias.

Por falar em Maiorca devemos lembrar que há que se fazer relações. Todos eles se relacionam um com o outro.

(Jane.) Não ficarei velha. Tenho quatro filhos. Os dois empregados são marido e mulher.

(Efigênia.) Trabalhar duro é louvável se se ganha dinheiro. Não desejo me casar. Gostaria de ter certeza do casamento. Selecionei minhas irmãs. Elas fazem bordados. Não vou copiá-las. Não sou tão velha. Eu tenho um irmão mais novo e irmã. Não presto atenção. Nós não prestamos atenção um no outro. Estou de algum modo decepcionada. Eu acredito em peixe. Todo mundo acredita em Maiorca.

(Minorca respondendo em francês.) Sei o nome de Mary Rose.

O que é um santo.

Pise numa bandeira.

Acredite em seu país.

Cantando à noite.

(Paul.) Vou ver John.

(John.) Venha quando quiser. Como é a sua esposa.

(Paul.) Minha esposa está cansada. Andamos muito longe ontem.

Estava um luar bonito.

(John.) Minhas lembranças a ela.

(Paul.) Como está sua esposa hoje.

(John.) Oh ela está bem agora.

(Paul.) E Bartolomeu.

(John.) Bartolomeu não está aqui agora. Ele desceu a escada.

(Paul.) Sim eu vi o Bartolomeu quando entrei.

Não sabemos se tem alguma coisa a ver com o tempo o tempo deles irem embora. Todos dizem que quase todos vão embora em meados de outubro. Eles vieram em julho. Ouvimos alguma coisa.

Sim, é alemão. Oferecem música francesa também e inglesa e norte-americana. Eles estão todos lá mas não dizem isso.

Eu danço.

Não se mexa.

Não se mexa.

Eles mantêm nosso cão imóvel.

Mantivemos nosso cão imóvel.

Podemos ver sinais de que eles estão indo embora. Eu não quero dizer isso do jeito da Mônica.

Quando é que os condutores de carros trabalham.

Eles trabalham à tardinha.

A Senhorita Alice Toklas deseja que Roberts gentilmente lhe envie por carta registrada — em envelopes separados — I sabonete Ivory — e um bom sabão facial que Roberts pode recomendar.

(Genevieve.) O melão é sempre mais quente no centro quando tiver ficado no sol.

Bem então teremos o verde.

Essa é a forma como os nossos melões são resfriados.

Eles não estão indo hoje.

Nós decidimos que vamos dizer ao cônsul que ficamos muito contentes de vê-lo.

(Genevieve.) Eu estou com raiva. Eu não vou até o trabalhador.

(Mônica.) Eu não estou com raiva vou me deitar.

(Nicholas.) Eu acredito em fornalhas barulhentas.

(William.) Eu sou casado.

É casado.

Com quem.

Se eles vão embora eles saem de repente. Esta não é a maneira que eles vieram. Eles vieram inesperadamente. Eles não vão embora de repente.

Sempre sinceramente sua.
Mabel Weeks.

Ele pode fazer o que quiser com Mary Rose.

Ele pode fazer o que quiser com Mary Rose.

Ainda não terminou. Quando é que podemos entrar e trazer Mary Rose.

(Mônica.) Eu gosto de Polly. Ele é tão bonito.

(Mônica.) E estávamos certos.

(Genevieve.) Por que não estávamos certos.

(Nicholas.) Porque sentimos que não era verdade.

(Paul.) Por que o barco alemão vasa óleo.

(William.) Porque deseja alimentar submarinos alemães.

(O Marquês.) Vou expressar meus desejos.

(O senhorio.) Que seja como o senhor desejar.

(Mônica.) Eu gosto de sentir que se alguém cai eu caio.

(Paul.) Vou consertar a corda com um arame.

Muito obrigado quando será feito.

(Paul.) Vou fazê-lo amanhã.

(Nicholas.) Sábado não inclui domingo.

Não é mesmo.

(Nicholas.) Não em Palma de Maiorca.

Você quer dizer que todos eles vão embora.

(Nicholas.) Não de imediato mas eles não ficarão.

Muito bem. Adeus.

(Maria.) Sim eu ouço.

Quando a menina foi embora dissemos que eles tinham guarda--chuvas. Quando os demais foram embora disseram adeus.

Vamos esperar para ver.

Esperamos por eles e eles passaram. Eram todos eles de idade. Tinham vozes ruidosas. Queremos saber se num país neutro eles têm empregadas.

Por favor pode terminar.

(Nicholas.) Mamma Cucooo.

(José.) Dolores Dolores.

(Jane.) Jenny me dê as chaves. Ah sim. Estou à espera.

(Nicholas.) Siga-me.

(O advogado.) Fique para jogar.

Fim.

Sim tenho um irmão.

Sentado em um café.

Tradução: Dirce Waltrick do Amarante

A TODO O PAÍS
(1916)
Uma peça em cartas

Amendoeiras na colina. Nós as vimos hoje.

Cara Sra. Steele.

Eu desejo te fazer perguntas. Você acredita que é necessário cultuar a individualidade. Nós acreditamos.

> Sra. Henry Watterson.

É claro que ouvi.

Prezado Senhor. É claro que ouvi.

Eles não abandonaram o livro.

Prezado Senhor.

> Eles não abandonaram o livro.

Sim Sim.

Eu sei o que eu ouço. Sim senhor.

Prezado Senhor.

> Eu a ouvi se apressando.
>
> Todos nós ouvimos.
>
> Boa noite.
>
>> Isabel Furness.

Gosto dos nomes deles.

> Anthony Rosello.

É fácil nomear uma rua como essa.

É fácil.

Com uma vista

Para árvores e uma colina.

Sim senhor.

> Herbert.

Caro Herbert.

> Venha novamente.
>
> William.

William Cook.

Capítulo 2.

Prezado Senhor. Uma peça.

Muitas pessoas me solicitam na miséria.

Eles vieram.

Queridos amigos. Digam o que têm a dizer.

Caros Whitehead e Paul e Woolston e Thorne.

Por que vocês não podem se acomodar e me deixar em paz. Não me refiro a hoje ou ontem ou pela contagem. Ninguém sabe contar. Uma avenida passa por uma cidade e uma rua a atravessa atravessa a cidade. Não há nenhum sentido em apontar associações. Muitas pessoas sabem ler. Não mulheres. Não em alguns países. Não em alguns países. Ah sim não em alguns países.

César.

César não é um nome que não é usado. Sei que muitas pessoas têm esse nome.

Henry César. Uma sala de aula está cheia e ensinar é difícil. Eles não entendem. Quem não entende. O barcelonense.

Cor. Um país e um copo onde eles vendem água.

Todo mundo vende água. Neste país. Todo mundo vende água neste país. É um país quente. Não é e água é abundante. Então eu não te entendo. Você não precisa me questionar.

Querida menina.

Avós não podem sacrificar-se por suas crianças.

Não se espera deles e eles não são sacrificados. Muitas pessoas são sacrificadas.

Oh querida sim.

Helen.

CAPÍTULO 3.

Por que você brinca com cartas.

Porque somos ingleses.

É um costume inglês.

Não é um americano.

Oh sim eu me lembro que você mencionou.

Caros Sr. e Sra. Eaton.

Vocês podem se lembrar podem se recordar que dia era em que nós prometemos sair ao ar livre e não buscar abrigo.

Não me lembro de nenhuma vez que nos comprometemos a fazer isso.

Estamos indo em outra direção.

Hoje.

E no dia após a manhã.

Nós muitas vezes soletramos juntos.

Gostamos de latim.

Como ele vai.

  Frederick e Harriet Beef.

Se preocupem comigo.

Não estamos preocupados comigo.

Não foi lhe dito para ser assim não foi.

Não fomos aconselhados.

Não de fato vocês não foram.

Caro Sr. Colin Bell.

  Seja cortês e volte.

Em breve.

Tão logo quanto queira.

Não sei como responder.

Não você não sabe e eu estou tão inquieto.

Não hoje.

Não não mesmo.

Prezado Senhor.

  Boa noite.

Ato 2.

Aqui chegamos ao ato dois.

Jornais australianos.

Jornais canadenses.

Jornais americanos.

Prezada Senhorita Millicant.

  Não seja insultante.

Você sabe muito bem que não temos recrutamento.

Ficou surpreso.

Em estados.

Ou em territórios.

Minha querida Milly. Gostaria que você viesse e me contasse sobre Rigoletto.

Ah sim lenços.

De Bonnets.

Boa noite Sra.

Isso não é bem dito.

Caro Gilbert. Mande lembranças à sua mãe.

O tempo todo.

Caro Sr. Lindo Webb.

Eu compreendo por que o senhor não é muito apreciado. Muitas pessoas esperam que você lhes ensine inglês. Você o faz e muito bem. Você poderia ser casado e ter esposa e filho. Com esses ajudando você a ensinar você poderia ensinar inglês a muito mais pessoas.

Então podemos esperar que você venha a mudar o seu local de residência.

Não esperamos que você mude seu casaco. Nenhum inglês o faz. Nós compreendemos isto.

Jovem Bonnet.

Nos irritamos muito com a impertinência do Sr. Alfred Bonnet.

Pedacinhos de papel são subitamente queimados.

Acreditando num fabricante de sapatos você acredita no pai dele.

Não acredito em seu pai.

Por que porque ele não se veste bem.

Se veste bem se veste bem.

Cara Sra. Cook.

Tem alguns pedidos especiais. Gostaria de saber sobre folhas de amêndoa e raízes de amêndoa. Ou você se refere às raízes de oliva. Oliveiras têm raízes grandes. Não sei sobre amendoeiras.

O resto do tempo foi gasto lamentando a tempestade.

Cara Sra. Carlock.

De fato não sei o nome. Muitas vezes me dizem que a maneira mais fácil de ser levado a sério é examinar cada um. Esforcei-me para fazê-lo mas sem sucesso. Algumas pessoas acreditam que eles serão mortos. Com isto quero dizer que eles se deleitam ensinando.

Alguns ensinam muito bem. Alguns ensinam no norte. Não fique longe.

Atenciosamente e não descuidadamente.

Walter Winter.

Como você sabe o meu nome. Eu falo três idiomas espanhol francês e inglês.

Caro Sr. Cook.

Como tem passado. Quer dizer que você pode ficar.

O resto da tarde.

Eu entendo um nariz vermelho.

Hoje não.

Não ho-je não. Você vê a explicação é esta.

Nós não ficaremos satisfeitos completamente.

Sra. Cook eu lhe peço para não voltar.

É o que você quer dizer.

Não consigo entender Mary Rose Palmer.

Posso entender explicando as coisas um ao outro.

Estávamos lá e as flores de amêndoas tornaram-se folhas de amêndoas.

Caro Sr. Cook.

Venha novamente.

Atenciosamente

Daisy Clement.

Ato 3.

No país e para o país.

Caro Mestre. Não diga isso.

Você quer dizer que não existe tal endereço.

Não quero dizer que eu critique. Quero dizer que não estou de acordo com o método utilizado.

Certamente que não.

Atenciosamente.

Harmon.

Por que você precisa de um nome.

Não sei. Gosto do ponto do Inca.

Não o veja em toda parte.

Não o verei.

Querida terra.

Quando eu me afasto não quero dizer que eu deseje que o carvão queime. Não é necessário me dizer que as ervilhas vão sofrer. Elas certamente não vão e nem os cravos vão.

Obrigado por usar essa palavra.

Nossa está ventando.

CENA 2.

Prezado Senhor. O Sr. Cousins me disse que eles estavam fora quando isso aconteceu. Lembravam-se de terem sido perguntados se eles estavam bem se tinham se recuperado da sua emoção. Também foram questionados se suas esposas e filhos estavam bem. Eles certamente não sabiam como dizer desculpe-me eu não sei quem é você. Eles poderiam ter dito eu gostaria de saber o seu nome porque não seria correto não poder transmitir a sua mensagem e se não sabemos o seu nome não podemos dizer de quem a mensagem veio.

Isso não foi feito.

Prezado Senhor. Não se zangue com seu governo.

Atenciosamente.

William Hague.

CENA 3.

Este foi o caminho para a razão. Ele partiu depois que o outro veio. Ele era um capitão do mar. Tinha o outro a mesma profissão embora fosse um cidadão de outra nação. Agora a respeito da palavra cidadão. O seu uso difere. Alguns estão inclinados a ratificar seu uso outros preferem perguntar o que é um cidadão. Um cidadão é aquele que empregando todos os usos de sua natureza limpa o mundo das relações adjacentes. Desta forma não podemos vencer. De fato nós vencemos e eu pergunto, como vai você.

Prezado Senhor. Quando é preciso vir o senhor virá.

Sim senhor.

Prezado senhor. Quando é preciso ser apressado o senhor não fica nervoso.

Nem um pouco.

Muito bem.

Prezado Senhor. Por que você tem lugares especiais para os seus lenços.

Porque eles foram tão encantadoramente bordados.

Está satisfeito então.

Sim de fato muito satisfeito.

Cena 3.

Prezado Senhor.

    Vestidos extras.

Oh sim.

Veja aqui.   Luvas extras.

Não gosto da palavra luvas ela tem uma combinação de letras que me desagrada.

Desde quando.

Desde esta tarde.

Eu não entendo a sua objeção.

É fácil de entender se eu explicar.

Cara Genevieve. Diga onde você ouviu eles falarem da decisão que tomaram de não fazerem bailes de máscaras.

Eu não disse. Eles sempre fazem bailes de máscara.

Oh então eles fazem.

Sim de fato eles fazem.

Há muitos deles.

Uma grande quantidade.

Olhares.

Olhares para mim.

Prezado Senhor. Por que você tem essas oliveiras tão esplêndidas.

Caro Sr. Wilson.

Por que tem essas entradas tão simples.

O que você quer dizer.

Quero dizer que em Maiorca eles fazem as coisas de tal forma que cada casa tem uma entrada interessante.

Quer dizer cadeiras.

Sim quero dizer cadeiras.

Ato 4.
Cena 1.

Prezado Senhor. Por favor não persista.

Alguém na casa o disse.

Querida Senhora Cryst o que você diz novamente para esse.

Eu não digo nada.

De fato você é discreto e tímido.

Sra. Seeman se decepcionou. Em Santa Catarina.

Sim por causa dos filhos.

O que você quer dizer.

Um deles não foi desorientado e blasfemou contra os santos.

Oh não.

Ninguém poderia ser mais antiquado.

Quer dizer hoje.

Quero dizer qualquer dia.

Prezado Senhor. Chegue a outra conclusão.

Sim chegarei.

Receba-me e Cuba. Você quer dizer o nome. Sim o nome. Você sempre gostou de ouvir ruídos. Não na França. Não de fato não na França.

Não na França.

De fato não.

Realmente você me prepara. Eu preparo. Não hoje. Hoje. Você me prepara hoje.

Cena 2.

Isto é tão agradável.

Prezado Senhor. Como se pronuncia Crowtell.

A terra está muito próxima e está à vista e freiras a corrigem.

E a linha de bonde.

Deverei dizer bonde.

Não necessariamente aqui é mais uma estrada do interior e se consegue eletricidade facilmente.

Em todos os lugares.

Sim em todos os lugares.

Isto é um conforto e tanto.

Caro senhor. Quer dizer caro Sr. Rossilo o senhor conhece meu irmão mais velho.

Cena 3.

Charles King. Lindo Webb Lindo Webb.

Caro Charles King. Você não se importa se eu estou em perigo. Não tenho meios de satisfazer a mim mesmo quer eu seja obrigado a ser cuidadoso ou não.

Cuidadoso com o quê.

Com o que eu digo em público.

Certamente não.

Não.

Certamente não.

Caro Sr. Lindo Webb.

Volte novamente você voltará.

Muitas montanhas são mais altas do que qualquer uma na ilha.

Você acredita em aulas.

Claro que sim.

A Sra. Gilbert também.

Cena 4.

Estou gostando.

Caro Sr. Lindo Webb.   Por que você quer ganhar.

Nos lugares vistos mais facilmente não há murmúrio. Você quer dizer nenhuma discussão. Não quero dizer nenhuma coisa nem outra.

Oh eu te entendo.

Com isso quero dizer que sou pobre.

Sei o que você quer dizer.

Caro Woodrow. Esse é um nome.

O que alguém quer dizer com interesse.

Essa não é uma palavra que tenha essa posição.

Você não quer dizer gentilmente.

Quero dizer que sou inglês.

Caro Sr. Henry. O que você pretendia fazer.

Cena 5.

Prezado Senhor. Por que você fala.

Prezado Senhor. Me agrade.

Como posso ser chamado.

Você quer ir ao mercado.

Prezado Senhor. Quer que eu vá ao mercado.

Prezado Senhor. Quer que eu faça isto.

Como é que você quer dizer.

Cena 6.

Prezado Senhor. Lembre-se de que quando você não tiver mais pedidos a fazer você não deve me culpar.

Prezado Senhor. Sei que você não se opõe a fumar.

Cara Sra. Lindo Webb como conseguiu quebrar seus dentes.

Ao cair na rua.

Quer dizer agora que o calçamento está tão escuro.

Claro.

Não teria acontecido de outra maneira,

Isto é por causa da condição necessária de iluminação.

Todos nós sofremos com isso.

CENA 7.

Você se lembra de Charles Mark. Figos. Especialmente mencionados figos.

Prezado Senhor. O senhor virá hoje e usará três anéis de diamante e um terno de oficial. Tem todo o direito de vestir um terno de oficial. Você é um major.

Cara Sra. English. Gosta de um país diferente.

Você quer dizer mais no alto das colinas.

Não tão mais alto.

Ato 5.
Cena I.

Esta é a última vez que vamos usar tempero.

Quer dizer que você prefere frio.

Não não seja tolo.

Prezado Senhor. Há muita ciência na busca de asfódelos.

Não se você já sabe o que eles são.

Agora nós sabemos.

Então não há motivo para tentar se acostumar com sua beleza. Mas não o achamos bonito. Eu também não consegui encontrar beleza neles.

Isso não surpreende já que eles não crescem lindamente.

Eles foram uma grande decepção para nós.

Cena 2.

Todos nós somos capazes de ver que eu não me importo nem um pouco com a Lena. Todos nós somos capazes de dizer que eu não me importo nem um pouco com a Lena.

Cara Sra. Landor. Como pode deixar de se preocupar com o resto do inverno. Como pode parar de se preocupar com o resto do verão e o início do inverno.

Prezado Senhor. Toda noite a neve cai. Vermelha. Sim assim como os asfódelos. Asfódelo não é vermelho. Eu o conheço ele se parece assim.

Caro amigo. Você pode me dar algum prazer.

Na tarde de ontem foi feriado. Você quer dizer foi um festival.
Quero dizer um dia do país.

Quer dizer que você entende o país.

De fato não.

Cena 3.

Queridos amigos. Tenham paciência.

Cena 4.

Isso terminou muito bem.

Você quer dizer encontrando um ao outro.

Sim e nos pedindo para permanecer aqui.

Você quer dizer que muitas pessoas estavam apreensivas.

Não um grande número de pessoas.

Algumas são muito felizes.

Outras também.

Todos nós temos desejos.

Desejos expressos.

Prezado Senhor. Você virá de novo e comerá presunto.

Não neste país.

Peixe.

Não neste país.

Tradução: Dirce Waltrick do Amarante

OSSOS E PERU E COMIDA E GOSTAMOS DISSO
(1916)
UMA PEÇA

Ele estava muito agitado. Não gosta de ficar parado enquanto colhe flores. Ele não cheira flores. Tem alguma inclinação por ervas. Ele gosta do cheiro delas. Não pode ver tempestades. Consegue ver qualquer coisa correndo. Ele pode ser elogiado.

CENA I.
Polybe e assentos.

Cadeiras de palha que são tão bem feitas que parecem banquinhos. São todas de palha e espessas. São feitas a duas mãos.

Genevieve e algodão.

Não gosto de ceroulas de algodão. Prefiro lã ou linho.

Admito que linho é úmido. Lã é quente. Acho que eu prefiro lã.

Minorca e cães.

Gosto de um cão o que pode ser facilmente entendido como nunca tive o hábito de sair exceto no domingo. Agora eu saio todos os dias.

Anthony e carvão.

Acho que carvão é melhor do que lenha. Se o carvão é bom ele queima por mais tempo. Em todo caso é muito difícil chegar aqui.

Félix e uma carta.

Não desejo responder a um telegrama, não por achar difícil de explicar nele que queria te ver. De fato queria te ver.

Sr. Clement.

Encontrá-lo me dá enorme prazer. Sinto-me bem hoje e vejo que você está apreciando o clima ameno. Continuará assim. Espero que você fique satisfeito. Me apresentarei para você dizendo que estou certo de que você está descobrindo os prazeres do seu inverno. Claro que estou ansioso.

William.

Ele é tão difícil. Quero dizer ele é tão difícil. Não acredito que já tenha me entendido. Ele é tão difícil.

CENA II.

Ela não insistiria. Tínhamos que ter uma sela de carneiro. Fomos servidos primeiramente com uma porção não insípida de vegetais. Havia presunto nela e carne de porco. Eles estiveram na fervura e eram um molho. Deixa eu te falar sobre o alemão.

Uma menininha.

Posso dizer azul quando o vejo.

Um Alemão.

Olha.

Italianos.

Esperamos ir para casa.

Quando

Quando os cigarros chegarem. Eu sei que estes estavam estragados.

Se eu for para a guerra eu serei rapidamente dispensado porque eu sou fraco. Você tem toda a razão de ser fraco. Você é um garçom mas da porta para fora a vida talvez lhe faça bem.

Genevieve.

Não pude deixar a casa pois estava esperando o conserto de um colchão.

Você não achou necessário sair de casa.

Não de manhã.

William e Mary.

William é William e ele não tomava qualquer precaução. Ele não é muito hábil.

Ela. Você beberá vinho.

Sim.

Sei disso mas você beberá algum agora.

Não me importa o gosto dele.

Isso não é verdadeiramente vinho. É uma mistura de açúcar mascavo e água e suco fermentado. Chamo-o de vinho é uma bebida. Não sabia que isso não era vinho.

O conde.

Por que o conde deseja esta casa. Ele a deseja porque ela tem todas as condições. Na realidade ela não as tem mas está mais bem situada do que a que ele tem agora.

Raymond e Jenny.

De fato gosto de um nome espanhol um nome espanhol sempre começa com um V.

Fomos juntos.

Fomos juntos e não fomos à Ópera. A ópera em cartaz era Boris Goudonoff.

CENA III.

Uma coleção inteira de selos. Um encontro em família.

Onde você o conseguiu.

Eu o consegui quando vi o envelope.

Onde você o viu.

Não o segure.

Não o estrague.

Deixe-me vê-lo.

Obrigada.

Muito obrigada.

Te agradeço

Te agradeço a gentileza.

Por favor faça uma coleção de flores.

Coleção de flores não é uma miséria. Você tem que carregar alguma coisa um lenço você o fará e mais do que isso será perfeitamente egoísta.

Não somos perfeitamente egoístas.

William. Seja perseverante.

Sra. Clement. Eu sou. Não saio da minha casa.

Genevieve. Você não sai de sua casa.

Sr. e Sra. Clement. Saímos.

Maud. As colinas seriam melhores do que a água. Gostamos de água.

Sra. Clement. Todo mundo gosta de água.

Maud. E de peixe.

Genevieve. Não gosto dos peixes daqui.

William. Rabanetes.

Maud. Rabanetes são resistentes.

Sra. Clement. Estou feliz por ter te visto.

CENA IV.
Um interlúdio.

Se você fosse um bretão e lesse um livro e entendesse espanhol você seria mais rico do que um francês que falasse num campo. Se um homem falasse num campo e contasse sobre papéis e contrabando e risse você veria nele uma semelhança com um suíço. Eu veria. Foi isso que aconteceu. Ele diz que é muito necessário para ser jovem para ser jovem e descasado e então você não pode fazer o que lhe agrada. Você não pode ir onde lhe agrada. Ele acreditava que era correto. Estou certo que ele entendeu a conversa. Ele também riu. Não estou convencido de que a aradura é segura. Aradura é feita com um arado e embaixo de uma árvore. Cães ladram, cãezinhos ladram para o cavalo e às vezes para uma mula e às vezes para um burro. As pessoas dizem deixe isso comigo. Não deixarei.

CENA V.
Fazendeiro.

Escute-me.

Não escutarei.

Então não me escute.

Escutei você quando o disse. Gosto de ver as cabras serem alimentadas.

E também gosto de vê-las deixar pegadas.

Elas se deitaram na estrada de ferro elétrica.

Sarah. Eu não gosto dele. Eu não gosto dos seus modos. Não gosto e não o direi. Farei como você e você o faz tão delicadamente. Farei isso como você faz e então estávamos certos. Estávamos certos em lhe pedir para entrar. Ele não entrará. Eu não sairei. Não ficaremos lá. Diremos sim certamente, não estamos muito ocupados. Sim por favor veja se tem as coisas que você quer. Você não tem lhes dado. Não deixe de voltar quando precisar delas.

Um Fazendeiro.

Um pescador.

Não gostamos de olhar para uma parede.

Um Pescador e um fazendeiro.

Ambos acreditam em peixe. Peixe é um fertilizante. Ele não pode ser achado na baía. Você não precisa ir longe. Você precisa ter grande número de barcos.

Uma mãe inglesa.

Você me faz ter um pouco de medo de cães.

CENA VI.
Uma torneira de água.

Muito provavelmente nos encontraríamos. Nenhum de nós tem água corrente. O conde Rangle tinha.

Todos nós gostávamos do inverno. Dissemos que gostávamos do verão. O problema com o verão é que é muito quente. Você vê estou convencida.

Harold.

Harold é o seu nome. Pensei que fosse Martin.

É Martin ou Mark.

Obrigada.

Você fala inglês.

Sim claro.

E francês

Muito bem.

E hindustani.

Minha mãe fala.

Acredito que falava.

Nunca pensamos sobre isso.

CENA VII.

ATO II.

Estamos abandonados. Fomos deixados sozinhos. Eles estão indo para Paris. Nós ficamos aqui.

Minorca. E tem uma vista tão bonita.

Um jantar.

Amanhã.

Todo dia.

Sim todo dia.

De manhã.

Pedalaremos. Chegaremos em casa. Sim chegaremos. Não se preocupe. Sim você precisa nós entendemos. Encontraremos você à uma e meia no horário antigo. Você nunca precisa ficar bêbado. É uma palavra mais antiquada.

Seja clara.

Meu Deus está úmido fora daqui.

Qualquer pedaço de papel faz vento.

Sim sim.

Antônio e Cleópatra.

Você gosta dele. Preciso ir e ver os trabalhadores.

Você gosta deles eles estão dando para o nosso filho uma faca.

Com quem ele se parece. O filho se parece com sua mãe. Não diga isso.

Por que não.

Porque o pai prefere não ouvir. Ele prefere ouvir que o filho se parece com ele.

O filho se parece com ele mais se assemelha com a sua mãe.

Eles querem que ele tenha todas as vantagens.

Mudança de cena.

Na caminhada para casa não tomamos essa direção. Tenho minhas razões para não ir nessa direção. Não me imposto em perder um botão. O fato é que não o perdi.

Winnie e William.

Como eles estão hoje.

Eles estão partindo.

Estamos partindo.

Sinto muito.

Nós não sentimos.

Não eu não posso dizer se não sentimos.

Nós não sentimos.

Outro clima.

Os tanques estão congelados. Não lemos isso hoje.

Mike escreveu.

Estávamos muito atentos ao olhar para água.

Não estava frio aqui.

Há muitos bons momentos quando há chuva.

Oh sim.

Muito bem.

Ele.

Ele veio.

Como se chama.

Não posso dizer.

Não o diga.

Não me preocupo em olhar para ninguém.

Eu me preocupo.

Então se deleite.

Não entendo de eletricidade.

Eu entendo.

Não entendo de granizo.

Posso explicar.

Não me preocupo com história.

Posso lê-la.

Não gosto de desejos pessoais.

Eu entendo.

Muitas pessoas gostam de outras.

Ela.

Vozes altas são atraentes. Quando duas pessoas falam juntas elas têm que falar mais alto.

Espero que você não fale sobre o verão. Diga qualquer coisa que te agradar mas não diga que você não vai ficar aqui inteiramente. Não quero que seja divulgado.

Está certo. Nós ficaremos aqui inteiramente.

Não é isso que eu desejo. Ficaremos aqui no inverno. O clima do verão é impossível.

Concordo plenamente com você.

Concorda.

Sim concordo.

Não não posso dizer isso.

O quê.

Você sabe que é a letra de uma canção.

Eu sei o que você quer dizer.

Claro que você sabe.

Este é o final deste mês.

Mês seguinte será mais curto.

Por que.

Porque é dezembro.

Entendo isso.

Claro que entende.

Eles partiram.

William. Estou bebendo.

Maria. Sinto muito ter de ir.

Henrietta. Não consigo entender de partida pois se você é francês você assiste à missa.

Sarah. Concordo totalmente com você acho imperdoável.

Sra. Clement. E eles são.

Sr. Penfield. Somos muito frequentemente esquecidos.

Muitos de nós pensam coisas.

Quantas vezes você foi derrotado.

Dormindo.

Girando.

Girando e dormindo.

O que você disse. Disse que estou fechando a porta.

Muito bem.

Henrietta. John e eu estamos confusos.

William e Mônica também.

Henrietta. A diferença entre nós é que nós sabemos o que queremos.

Oh vocês sabem.

Henrietta sabe.

Henrietta. Por que você está fechando a porta.

Porque é o costume. Não é realmente necessário.

Então por que você o faz.

Henrietta. Todo mundo conhece William e Mônica.

Sim e todo mundo sabe como eles começaram.

Como eles começaram.

Brigando com o seu proprietário.

Sim é verdade.

Não é uma casa confortável no verão.

Eles sabiam disso.

Não eles não sabiam.

Você tem toda razão eles não sabiam.

CENA IX.

Vá em frente

Vá em frente sempre.

O dia em que me pus a fazer o fogo achei que ele veio muito facilmente. Tudo o que eu tive que fazer foi ficar aqui quando a madeira chegou. Nós não pedimos nenhuma água.

Esta noite.

Sra. Chambers. Quando você o deixou.

Eu não te deixei.

Eu sei que você não me deixou então estou esperando em vão um carteiro.

O que você quer dele.

Quero dizer a ele que não quero meus pacotes abertos.

Como você sabe onde eles são abertos.

Sei que eles não são abertos aqui quero dizer nesta casa.

Entendo o que quer dizer.

CENA X.

Uma mãe. Não ouça a maioria.

Uma outra mãe. Deixei meus filhos em casa.

Um filho. Não tenho nenhum compromisso na quarta-feira.

Um sobrinho. Saio frequentemente.

Você sai.

Oh sim.

Você sai com sua tia.

Nós saímos juntos.

Sra. Hitchcock. Não entendo os desejos.

Um longo tempo não é uma frase que usamos.

Isso eu entendo.

Dois ingleses procuraram uma bandeira polonesa. Eles a acharam não a bandeira da nação a bandeira da guerra e do comércio.

Muito obrigado.

CENA XI.

A vida do peru.

Quem é cruel.

Não o menininho que ele ergue em seus braços.

Não o outro. Ele é um guardião. Todos estão depositando sua confiança neles.

Aqui a vida dos perus existe depois do Natal.

Ficamos surpresos em ver isso. Muitos deles foram comidos de modo que supomos não existir mais nenhum.

A vida do peru.

Na igreja.

Aqui na igreja.

Absurdo não direi que prefiro leitãozinho.

Eu não sei mas isso eu sei.

Eu gosto de tetraz.

Para comer.

E também.

Fígado de galinha.

Arthur Llynn. Venha e descanse.

Helen Lewis. Estamos esperando pelo portador da carta.

Ele vem hoje.

Não sei.

CENA XII.

Entre entre

Mary e Susan. Podemos voltar novamente.

Andrew. Sim esse é o nome.

O que eu quero que você saiba é a origem de tudo isso.

Um é um soldado, o outro um almirante e o terceiro um cigano.

Não ficamos satisfeitos.

Capitão Rose. Você precisa se manifestar depois de mim. Um fogo na cozinha não defronte à parede externa.

Sim sabemos disso.

Me convenci.

Você não gosta da sua aparência.

Muito.

Não estou satisfeito.

Com o que com a sua aparência.

Eu esperava que fosse branco.

Oh isso pode ser arranjado mais tarde.

Sim entendo.

Você está indo.

Talvez fiquemos mais um pouco.

CENA XIII.

Isso raramente foi negligenciado. Entre Herbert

Reconheço o nome Herbert.

Entre.

Estamos saindo.

Você gosta de caminhar.

Muito.

Você gosta do som das ondas.

Sim certamente.

Você gosta delas perto ou a distância.

O efeito é diferente perto e longe.

Sim é sim.

Qual você prefere.

Não tenho escolha.

Esta tarde nós vamos ter que ficar frios.

Mas de jeito nenhum.

Sim certamente e pretendo falar sobre isso com o meu proprietário.

Boa noite.

CENA XIV.

Clarence para variar.

Se você tem férias uma vez por mês e você as tira a cada seis meses você tem seis dias de férias. Nesses seis dias você pode visitar sua família no interior ou você pode trabalhar no seu jardim ou você pode fazer mudanças na posição da parede você pode fazer tudo isso e então haverá seis dias em seis meses. Se você não estiver pronto os dias serão descontados.

A língua francesa.

Quem é.

O que eu estou dizendo.

Você estava dizendo que podia ficar em casa.

Sim posso ficar em casa.

Então é isso que te preocupa.

Não não me preocupa. Isso me faz perceber que não quero partir.

Claro que você não quer partir.

Sim isso foi entendido.

Você disse que escutava.

Você estava falando o que você queria.

Não quero ser incomodado.

Oh sim nós partiremos na primavera.

Não estou satisfeito com o que está certo.

CENA XV.

Venha novamente.

Sr. Picard. Ele se dedicava a ele.

Se dedicava.

Você se sente feliz.

O tempo todo.

Não seja.

Desleixado.

Eu era.

E eu vi

Que

Há montanhas.

E água.

Não estamos realmente interessados no país se não tiver água.

Você quer dizer água salgada.

Sim.

Não se questiona isso.

Dá azar desejar para alguém feliz ano novo antes do ano novo.

CENA XVI.

Você quer que eu vá em frente.

Sim quero que você vá em frente.

Onde caminharemos amanhã.

Esta noite você quer dizer.

Não esta tarde não.

Sim entendo.

Onde caminharemos amanhã.

Para Fernville.

Não para Fernville não.

Para Arbuthnot.

Não para Arbuthnot não.

No parque.

Não no parque não.

Bem então vamos caminhar ao longo da água.

Não não vamos por esse caminho.

Então nos deixe caminhar para Wintersdale.

Sim vamos para Wintersdale.

Muito bem então.

Onde você vai esta tarde.

Vamos para o centro.

Oh sim você tem um bom negócio para fazer.

Sim nós temos um bom negócio para fazer.

Você irá de manhã.

Como você quiser.

CENA XVII.

Venha alegremente.

Sim iremos bem alegremente.

Há boas razões para se suspeitar do Sr. Bournville.

Há.

Sim boas razões.

Qual é a razão.

A verdadeira razão é que ele tem sido incorreto.

Como ele tem sido incorreto.

Ele não foi completamente correto quanto à necessidade de se ter água.

Você quer dizer que ele disse que seria difícil de conseguir água.

Ele disse isso.

Mas não tem sido.

De fato não.

Isso pode ser porque a estação é diferente.
Talvez seja essa a razão. Em todo caso ele está perdoado.
Em todo caso ele está perdoado.
Você concorda comigo.
Sim concordo com você.
Você sempre concorda comigo.
Você sabe que eu sempre concordo com você.
Então isso é satisfatório.
Para mim.
E para mim também.

FINIS.

Tradução: Dirce Waltrick do Amarante

TODA TARDE
(1916)
UM DIÁLOGO

Me levanto.
Então você se levanta.
Estamos satisfeitos um com o outro.
Por que vocês estão.
Porque temos esperança.
Você tem alguma razão para tê-la.
Temos razão para tê-la.
O que é.
Não estou preparado para dizer.
Tem alguma alteração.
Naturalmente.
Sei o que você que dizer.
Acho que não é necessário que eu lecione línguas.
Seria absurdo que você lecionasse.
Seria aqui.
Não seria em lugar nenhum.
Não me importo com o Peru.
Espero que você se importe.
Começo isso.
Sim você começou isso.
Claro que começamos.
Sim de fato começamos.
Quando falaremos de outro.
Hoje não eu te asseguro.
Sim certamente você o mencionou.
Mencionamos tudo.
Para o outro.
Não quero motivos.

Você quer dizer que foi ensinada antes.

Isso é exatamente o que eu quero dizer.

E eu sinto a mesma coisa.

Você sente que é a mesma coisa.

Não o ponha à prova.

Não o ponha à prova.

Esta noite não houve discussão sobre tentação ele não estava nem um pouco interessado.

Ela também não estava.

Claro que ela não estava.

De fato não é necessário perguntar a ela.

Eu achei necessário.

Achou.

Certamente.

E quando você tem folga.

Lendo e tricotando.

Lendo ou tricotando.

Lendo ou tricotando.

Sim lendo ou tricotando.

À noitinha.

Primeiro rapidamente.

Ele estava bem estabelecido.

Onde ele se estabeleceu.

Em Marselha.

Não consigo entender as palavras.

Você não consegue.

Você é tão facilmente enganado você não pergunta o que eles decidem de fato o que eles vão decidir.

Não há razão.

Não não há razão.

Entre as refeições.

Você realmente costura.

Ele era tão indispensável para mim.

Estamos igualmente satisfeitos.

Venha e fique.
Faça isso.
Você quer dizer ser rude.
Ele quis dizer.
Te pergunto o porquê.
Amanhã.
Sim amanhã.
Toda tarde.
Um diálogo.
O que você fez com o seu cachorro.
Nos o mandamos para o campo.
Ele era um problema.
De jeito nenhum mas achamos que ele ficaria melhor lá longe.
Sim não é certo manter um cachorro grande na cidade.
Sim concordo com você.
Sim
Chegada.
Sim certamente.
Seja rápido.
Não no ato de respirar.
Não você sabe que você não se importa.
Dissemos sim.
Siga em frente.
Isso soou como um animal.
Estavam esperando alguma coisa.
Não sei.
Você não sabe nada disso.
Você sabe não acredito.
Ela acreditava.
Bem eles são diferentes.
Não sou muito cuidadoso.
Mencione isso de novo.
Aqui.
Aqui não.

Não receba a madeira.

Não receba a madeira.

Bem fomos e a encontramos.

Amanhã.

Venha amanhã.

Venha amanhã.

Sim dissemos sim. Venha amanhã.

Chegada muito boa. Não seja impaciente. Não diga que não te falaram.Você sabe que eu quero um telegrama. Por quê.

Porque os imperadores não quiseram.

Não me lembro disso.

Não me preocupo com um tempo longo.

Um tempo longo para morrer.

Por que não.

Porque eu gosto dele.

Isso é o que ela disse.

Dissemos.

Viremos com prazer no sábado.

Ela irá.

Oh sim ela irá.

O que é uma conversação.

Podemos todos cantar.

Vem um grande número de pessoas.

Vem um grande número de pessoas.

Por que os dias passam tão rápido.

Porque somos muito felizes.

Sim é isso.

É isso.

É isso.

Quem cuida das margaridas.

Você me ouve.

Sim posso te ouvir.

Muito bem então explique.

Que eu cuido de margaridas.

Que nós cuidamos de margaridas.

Venha venha.

Sim e não chorarei.

De fato não.

Vamos fazer um piquenique.

Oh sim.

Estamos muito felizes.

Muito felizes.

E contentes.

E contentes.

Vamos e ouviremos Tito Ruffo.

Aqui.

Sim aqui.

Oh sim eu me lembro disso. É para ele estar aqui.

Para começar o que é que compramos.

Repreensão.

Se você se lembra você lembrará de outras coisas que te assustam.

Lembrarei.

Sim e não há nenhuma necessidade a explicação não está na sua primeira caminhada da última caminhada da caminhada ao meu lado a única razão é que tem muito espaço e que eu prefiro isso.

Então diremos que irá chover.

No outro dia havia um luar luminoso.

Não aqui.

Não aqui mas geralmente tem mais luar que em Bretanha.

Venha novamente.

Entre novamente.

Vindo novamente.

Entrando novamente.

Venha novamente.

Digo que eu entendo o chamado.

Chamando-o.

Sim Polybe.

Venha.

Venha.

Venha novamente e traga um livro.

O encontramos tão frequentemente.

Quisemos dizer cuidar disso. Você quer dizer a luz.

Estou orgulhoso dela. Você tem todas as razões para estar e ela aceita isso tão naturalmente.

É melhor que isso sejam suas mãos.

Sim é claro.

Ninguém pode pagar por isso.

Repúblicas são tão ingratas.

Você deseja aparecer aqui.

Por que é claro nesse sentido.

Não conheço essas palavras.

É realmente desprezível.

Você vê de fato.

Não o vejo dessa maneira.

Não você não veria que você preferiria as palavras certas e elevadas.

Diga para mim.

Você sabe eu nunca ia querer ser responsabilizado.

Um esforço para comer rapidamente.

Você prometeu para ele.

Eu prometi para ele as madeiras.

As madeiras.

Agora não.

Você quer dizer agora não.

Tradução: Dirce Waltrick do Amarante

CAPITÃO WALTER ARNOLD
(1916)
UMA PEÇA

Você quer dizer me agradar.

Sim quero.

Você não tem nenhuma dúvida sobre os valores da comida e da água.

Não tenho.

Você consegue se lembrar de algum exemplo de repetição fácil.

Posso e posso mencioná-la. Posso explicar como em duas repetições você muda o significado você verdadeiramente muda o significado. Isso o faz mais interessante. Se o vinculamos a uma pessoa nos voltamos a uma compreensão.

Você quer dizer realmente que você não tem preferências.

Não consigo visualizar a condição.

Até lá estou livre para dizer que fizemos tentativas de encontrar o nome certo para tudo.

Sabe que você é cuidadoso.

Vê como está o estado da sua carteira.

Falei para você que eu lhe daria mais se você me pedisse.

Ou você não se importa de receber um favor.

Certamente você quer ser ajudado.

Deixe-me ajudar você.

Não me rejeite.

Você pode pôr em ordem seu gasto.

É irracional.

Não porque você o faz.

Não porque você não o faz.

Coisas óbvias.

Comendo e bebendo.

Você pode esquecer Minerva.

Me enganei.
Quero dizer Mônica
Você pode esquecer Mônica.
Ou Polybe.

ATO II.
Um vestido deslumbrante. Nos deslumbramos completamente.

Tradução: Dirce Waltrick do Amarante

POR FAVOR NÃO SOFRA
(1916)
UMA PEÇA

Genevieve, Sra. Marchand e Conde Daisy Wrangel.

(Sra. Marchand.) Onde ela nasceu e com quem foi para a escola. Ela conhecia então a Marquesa de Bowers ou não. Ela a conheceu na Itália. Será que ela aprendeu inglês no Marrocos. Ela nunca esteve na Inglaterra ela também não foi à escola em Florença. Ela morava na casa com os amigos do Conde Berny e assim ela os conheceu e ela o conheceu. Ela jantou comida árabe.

Como ela chegou a conhecer as pessoas que ela conheceu. Não entendo.

Com quem ela foi à escola. Não temos certeza. Quando ela soube inicialmente sobre o Marrocos. Onde ela ouviu inglês.

Ela ouviu inglês falado por crianças.

(Conde Daisy Wrangel.) Ele fala inglês muito bem. Ele tem um impedimento em sua fala. Ele gosta de couve-flor e de ervilhas verdes. Ele não encontra uma velha satisfatória como cozinheira. Ele deseja para o seu italiano. É muito caro trazê-la para baixo. Ele gosta mesmo de cães. Uma vez ele teve oito. Eram poodles pretos. Eles viviam em um jardim na propriedade de uma duquesa. Ele os treinou para estarem muito dispostos e ele tem fotos de todos eles. Ele escreve com frequência um livro. Ele escreve sobre arte às vezes. Ele também pinta um pouco. Ele tem um amigo que pinta um quadro a cada manhã e pinta um quadro toda tarde. Ele não é desagradável. Ele não veio com ele. Ele pediu para ver o cão que ele achou que tinha criado.

(Genevieve.) Ela acredita em Fraconville. O que é uma tempestade com trovões. Esta é minha história. Eu trabalhava em um café em Rennes. Antes disso fui instruída por uma mulher que sabia tricotar e tudo mais. Minha mãe e meu pai trabalhavam em jardinagem.

Eu fui arruinada por um açougueiro. Não sou particularmente apaixonada por crianças. Minha filha é menina e ainda é pequena. Ela está vivendo em um bairro invadido mas agora está em Avignon. Eu tinha um casaco feito para ela mas não serviu nela muito bem e agora estou enviando o dinheiro para que ele seja feito em Verdun. Não sou necessariamente uma mulher muito feliz. Todos estão dispostos. Eu gosto de fazer tricô e eu gosto de comprar provisão. Sim eu aprecio a capital. Há carne em abundância aqui. Eu não me importo com a variedade. Prefiro vitela a galinha. Prefiro carne de carneiro. Entendo que é difícil ter qualquer coisa.

(Sra. Marchand.) Não escrevo com frequência. Digo que o vou mencionar se um homem presta atenção em uma mulher e assim eu posso eu posso dizer que eu não escrevi. Farei como eu gosto. Acho que meu bebê é muito saudável. Espero que ele não fale a língua falada aqui mas eu não posso dizer isso a ele. Ele é muito jovem. Ele não está andando. Se Dardanelos não for tomado talvez eles o abram. Eu ouço a mim mesma falando. Eu tenho uma laranjeira que está florida. O sol aparece. Há dez dias durante dez dias chove e então até dezembro teremos tempo bom. Não há fogo na casa. Não gosto de olhar aquele mapa. Você me dá licença enquanto eu dou o almoço ao meu bebê.

(Conde Daisy Wrangel.) É o mesmo nome de uma ilha. Éramos de Courland e alguns são russos e alguns são prussianos e alguns são suecos. Nenhum é lituano. O Sr. Berenson é um lituano. Eu tenho um amigo dinamarquês que foi casado quatro vezes. Sua última esposa é uma cantora. Ela é uma mulher casada. Sua primeira esposa foi casada com quatro homens diferentes. Ela tem sido uma boa amiga de cada um deles. Eles dizem isso. Eu não tenho prazer na minha estada na ilha porque eu não como nada. Eu gostaria de ter alguma coisa.

(Genevieve.) O conde estava aqui. Ele queria ver o cão e ele disse que gostaria de vê-lo. Ele não estava muito bem. Ele estava sofrendo. Ele não disse que seu amigo viria com ele. Ele disse que achava que não. Muitas vezes me dizem que os franceses são tudo. Eu pergunto você acredita que os franceses estão ganhando. Eu acredito que os franceses estão ganhando. Você precisa de manteiga para cozinhar. (Sra. Marchand.) Deixe-me dar-lhe um pêssego que é mais suave. Você gosta deste aqui. Nós viremos novamente por uma noite. Este é o caminho mais curto. Sim eu gosto de andar. Nós dizemos muito pouco quando estamos nos preocupando. Vamos embora. Nós não podemos porque o meu marido não pode ir embora.

Nellie Mildred e Carrie.

(Nellie.) Escrita à mão não é redonda. Não é uma decepção ou um serviço é frequentemente cativante.

(Mildred.) É copiada. Seis lenços. Dois de um tipo e quatro de outro.

(Carrie.) Ela têm a caligrafia inclinada para a esquerda isso significa que ela cuida bem de si mesma.

(Sra. Marchand.) Ela não conhece nenhum deles. Ela conhece o Sr. Rothschild.

(Genevieve.) Qual é a vantagem de estar tranquilo quando esta casa é construída para o inverno. O inverno aqui é quente.

(Conde Daisy Wrangel.) Ele não vai ficar além de novembro.

William e Mary.

(William.) Ele gosta de ler e beber. Ele bebe vinho. Ele também bebe sifão. Isso é água com água esterilizada. Ele a bebe com e também sem limão. Ele gosta muito de andar. Ele não prefere descansar. Ele é pintor por profissão.

(Mary.) Mary está ganhando. Ela tem um irmão que está lutando. Ele fez um anel para ela. Ela tem uma mãe e um outro irmão. Nos perguntaram se ela gosta de natação. Ela não sabe nada de natação.

(Sra. Marchand.) Ela é uma mulher grande e de preferência não caminha. Ela está caminhando. Nós encontramos ela e o Sr. Marchand que estavam caminhando. Dissemos que estava frio demais para caminhar.

(O Cônsul Inglês.) Tudo bem. O cão está firmemente amordaçado. Ele não pode respirar devidamente.

(Conde Daisy Wrangel.) Por que todos vocês falam comigo. Deixe--me contar sobre isso. Ao entrar no primeiro escritório vi primeiro uma jovem senhora. Eu disse que ela parecia muito bem. Eu então saí e voltei e me dirigi à outra senhora. Eu disse como vai sinto por não tê-la visto no outro dia. Você estava fora quando eu chamei. Meu amigo é um urso. Pensei que ele viria comigo para chamar. Voltarei em breve.

(Sra. Marchand.) Não o conheço muito bem quer dizer meu marido apontou-o para mim e eu sabia que ele estava aqui. Não será uma decepção para nós.

(Genevieve.) Eu prefiro uma cesta a uma rede. É o único suvenir que eu vou ter. Não quero dizer que não estou satisfeita. Eu não gosto de gastar 35 dólares de novo e de novo. É bem exato.

(Conde Daisy Wrangel.) Tem muita coisa a ser escrita em um jornal.

(Michael.) Michael era o filho de Daniel. Ele se mudou para uma casa. Ele morou em um hotel durante um inverno inteiro. Ele tem aquecimento a vapor e a luz. Nós não vimos fotografias do local.

(Jane.) Eu tenho cinco filhos o mais novo tem três anos. Muitos deles morreram.

(Felix.) Que tipo de lã você prefere preta ou colorida, grossa ou fina e você deseja usá-la no que. Você também deseja agulhas de tricô e de que número.

(Alice.) O que temos para comer hoje. Tivemos porco muito novo. É delicioso. Eu nunca comi nenhum melhor.

(Genevieve.) Eu gosto de escolher minha carne.

(Sra. Marchand.) Eu entendo tudo melhor. Eu gosto de ter que pensar e olhar os mapas. Odeio ver tanto preto. Não quero dizer com isso que eu sou mal-humorada. Eu não sou isso. Estou muito satisfeita com a vizinhança.

(Genevieve.) Eu gostaria de gastar um pouco de dinheiro em algumas coisas. Estou à espera do barco. Não tenho nada a fazer a não ser dormir. Realmente não tenho.

(Sra. Marchand.) Eu entendo espanhol.

(Conde Daisy Wrangel.) Para agradá-lo e agradar a mim eu não janto em casa.

(Harry Francis.) Está exposto na chuva e não está seco o que devo colocar por baixo.

Qualquer coisa que você goste.

(Roger Henry.) Por que você prefere uma imagem de um barco.

Porque é útil.

(Sra. Marchand.) Eu estou tão desapontada pela manhã.

Todos nós estamos desapontados.

(Sra. Marchand.) Eu não o encontrei hoje.

Sim você o encontrou.

Todo homem engolindo. O quê.

(Sra. Marchand.) Eu disse que você tinha toda razão para esperar tempo quente e agora está frio.

Não vai fazer frio por muito tempo eu espero. Essas são tempestades equinociais. Elas duram de sete a dez dias.

(O Cônsul Inglês.) Ele teve algumas experiências difíceis mas ele tem uma casa agradável. Ele tem uma vista para o mar e também para a floresta. É natural que ele tenha escolhido esta casa.

(Sra. Marchand.) Eu a encontrei. Ela é muito agradável. Não acho que ela era sua esposa. Eu achei que ela fosse sua filha.

Todos nós achamos isso.

Tradução: Dirce Waltrick do Amarante

QUERIA QUE FOSSE UMA PEÇA
(1916)
UMA PEÇA

Queria que fosse uma peça e falada tão inteligentemente.
Americanos são muito inteligentes.
Outros também.
Sim realmente.
E todos os homens são corajosos.

Cena I.

Satisfazer.
Gosto de satisfazê-los.
Ele gosta de bolsas.
Você quer dizer bolsas prateadas.
Sim bolsas douradas.
Aqui eles têm outras bolsas.
Todos eles foram carregados numa procissão.
Todo dia.
Não o dia todo.
Os mártires e os cravos vermelhos.
Você quer dizer os gerânios vermelhos.
Não quero dizer cravos vermelhos
Bolsas têm essa palavra.
Me agrade.
Para me agradar.
Me chame.
Ela espera uma desgraça.
Irmãs.
Ou irmãs.
As mais novas como crianças
Uma disse.

Verdun.

Fechamos.

Aqui.

Estrebarias ou motores.

Geralmente estrebaria.

Sabíamos alguma coisa sobre as casas em Maiorca.

Cena II.

Então você estava satisfeito comigo.

Cena III.

Homens capazes. O que você pretende fazer hoje.

Planejei telegrafar por uma resposta,

Oh sim.

O que você disse para eles.

Disse que estava encantado com as fotografias.

Cena IV.

Você sentirá pena de deixar Maiorca.

Você quer dizer a ilha.

O Sol.

Ou as pessoas.

Um grande número de pessoas não gosta de pessoas.

Cena V.

Quinta Avenida em espanhol.

Quinta Avenida em espanhol.

Você disse água.

Água guerra.

Ouvi dizer que um grande número de pessoas aguardam outro.

Um outro.

Ser um outro.

Para ser combatido.

Não diga esplendoroso.

Não é um dia esplendoroso.

Cena VI.
Fomos bem longe de fato fomos bem longe.

Cena VII.
Não cometa um erro e perca todas as folhas.
Aulas.
Memórias das aulas.
Não vá muito longe e não perca todas as folhas.
Estávamos realmente satisfeitos com as folhas. Não estávamos realmente satisfeitos com as folhas.
Estava muito satisfeito com as folhas.

Cena VIII.
Você ficou surpreso por mim.
Todos nós nos queixamos.
Você ficou surpreso por mim.
Você não entende a tentativa,
Você não entende a tentativa de gagueira.
Não de fato não entendo.

Cena IX.
Você ficou surpreso por irmos tão longe. Você quer dizer no palco. Não é claro que não nas escolhas. O que você escolheu. Esponjas muito boas. Mas são caras. Elas não são necessariamente baratas. Sentimos que pedem um preço extraordinário aqui. Você tem toda razão em pensar assim. Estávamos totalmente certos. Se entende facilmente que eles estão acostumados a negociar. Você quer dizer permutar. Não não quero dizer isso quero dizer metalúrgico. Metalúrgicos têm roupas novas. Em Palma. Sim em Palma. Não pretendia mencionar esse nome. Por que você não gosta da cidade. De jeito nenhum.

O restante dos dias foi gasto em visitação.

Cena X.

O fim desse pratinho.

Você quer dizer que não gostava de cerâmica. A marrom você quer dizer. Não a amarela. Sim gostava muito dela inicialmente. Era tão grande. Esse não é o jeito de dizer que você voltará novamente. Mas não queremos isso.

Cena XI.

O que ela disse. Ela disse que ela poderia ler em espanhol porque todas as palavras que eram palavras genuínas lembram francês.

Não pretendo dizer que estou aborrecida.

Oh não de fato você não é culpada.

De jeito nenhum.

Somos muito cuidadosos ao nos movermos juntos. Para satisfazer. Para nossa satisfação. Oh sim de fato. Precisamos de você. Mais do que nunca. Estou contente que não estejamos gelados. Aqui não. Acredite-me. Acredite em mim. Eu acredito.

Tradução: Dirce Waltrick do Amarante

BONNE ANNÉE
(1916)
Uma peça

Não entendemos por que eles não acham que isso seja um bom negócio.

Entendemos nosso prazer. Nosso prazer é fazer todo dia o trabalho daquele dia, cortar nosso cabelo e não querer olhos azuis e ser razoável e obediente. Obedecer e não se descabelar por detalhes. Esse é o nosso dever e nosso prazer.

Todo dia levantamos e dizemos hoje estamos despertos. Com isso queremos dizer que estamos de pé cedo e estamos de pé tarde. Tomamos nosso café da manhã e fumamos um cigarro. Isso não é assim porque o chamamos de outro nome. Gostamos do campo e somos pessoas oprimidas. Não se incomode com nada. Não eu não vou me incomodar. Querido.

Nós te demos isso.

Sim.

Eu te dei isso.

Sim.

Você me deu isso.

Sim.

Sim senhor.

Por que eu digo sim senhor. Porque isso te agrada.

Quais são as letras do meu nome.

O. e c e be e te.

Dirigindo um museu não uma pérola lá.

Leve-me para Sevres que não me desespero.

Isso não deve ser colocado num livro.

Por que não.

Porque não deve.

Sim senhor.

Por favor seja rico.
Eu sou.
Eu também.
É claro que você é minha linda.
Claro que você é.
Não é necessário para mim mencionar que bela garota.
Feliz Ano Novo.

Tradução: Dirce Waltrick do Amarante

MÉXICO
(1916)
Uma peça

Ernestine.

Você mencionou marcar cuidadosamente a Califórnia.

Mencionei.

Quão grande ela é.

Tão grande quanto um barco.

Que barco.

A cidade de Savannah.

Você teve sucesso ao investigar a origem da palavra feio.

Tive.

Significa caranguejo.

Certamente significa caranguejo.

Caranguejo é um exemplo.

Aprendemos sobre cadeiras de balanço com eles.

Pipas são um exemplo.

Aprendemos sobre pêssegos com eles.

Eles aprenderam também.

Você estava tendo um pesadelo. Não. Então vá dormir novamente queridinho.

Ernestine.

É fácil de ver quatro barcos. Barcos são uma embarcação. Existem os ingleses e os dinamarqueses e os outros barcos. É difícil mostrar os de bandeira italiana. Difícil quase impossível.

Não pretendo ser descortês.

Ernestine.

Entre.

John.

Você o encontrou.

Eu o encontrei e acreditei nele.

Você foi embora.

Não fiquei um bom tempo.

Você foi para outro país para ganhar a vida.

Não fui eu fiquei aqui por algum tempo.

Estou indo embora.

Terminei tudo.

Esperarei uma seleção.

Tenho sonhos com mulheres.

Sonhe comigo.

Virei para ver o tempo.

Entendo o que eles querem dizer com tempo sujo. É a cor.

Aja assim que você será poupado da necessidade de enganar alguém.

Ajo.

Agirei.

CENA II.

Eles estavam dispostos a ter roupa de cama e mesa e descuidaram do tempero. Eles estavam dispostos a ter uma comida excelente. Eles não se importavam com o café.

Sarah.

Madeira não deve ser negligenciada. Vou atender a tudo.

Se ele não os tem ele nos mande o seu nome.

O que fazemos com métodos e respeito.

Métodos e respeito nos servem para imitação. Nós imitamos pronúncia. México.

Henry Irving.

Negligencie-me e acredite-me e acaricie-me.

Diga que eu sou cuidadosa.

Acredite em punições. Procure por mais.

Muitos homens são necessários. Nós somos necessários. Queremos dizer mais e temos verdades firmes.

México.

Estava tão satisfeita.

ATO II.

Uma grande passagem e muitos barcos. Gosto deles com velas brancas. Gosto deles para usar melhor o carvão.

Avaliações.

Sra. Guilbert.

Eu entendo galês.

Eu também.

Sra. Hendry.

Nunca fui casada.

Eu já.

México.

México é belamente pronunciado em espanhol.

Pronuncie isso para mim.

Sim pronunciarei.

Diga isso belamente.

México.

Há muitas maneiras de ganhar na loteria.

Notoriedade de jornal.

Mercearia.

Açougue.

Um vendedor de seda.

Bordado.

Roupas.

Regalos.

E veludo cotelê.

Esse é o jeito que ganhamos.

Recusamos ir ao teatro não porque não gostamos dele mas porque nos preferimos ir a Penfolds. Penfolds não tem uma casa agradável estamos indo para lá para tomar chá amanhã.

Sra. Guilbert.

Ela tem um laço notável. Ela ensina inglês.

Escolhemos um lenço.

William Guilbert.

Ele é muito jovem. Ele está aqui completamente. Ele não é mais velho do que o Allan.

Quantos anos tem o Allan.

Não sei acho que ele tem dezessete.

Absolutamente reorganizados eles estão carregando de um barco para o outro.

Tenho meu pé.

Genevieve.

Não quero dizer conhecê-la.

Sim eu quero.

Quero dizer eu não a encontrei.

Bem isso é possível.

Madeleine.

Meu nome é Victoria.

Sim o capitão me falou.

Não me endereço a ele.

Ele fala inglês.

Sim é claro que ele fala.

Por que é claro que nós falamos.

Vamos começar.

Escutem-se.

Estamos todos juntos.

Esta é uma música.

Sra. Childs.

Estou decidida que nós não podemos nos expor ao frio.

Muito obrigado.

ATO III.

Agora vamos nos entender um ao outro. Temos mais tempo do que tínhamos. Vamos começar agora.

Um ponto de táxi.

Quem está impaciente.

Não estamos dispostos a partir.

Muito bem não partam.

Se há muitos de vocês pedirei outro.
Ele concordou em partir.
Ele estava muito contente.
Sabia que ele ficaria contente.
Foi um erro não devíamos ter chegado nessa hora.
Temos de chegar quando podemos.
Totalmente certo.
Esta é a verdadeira cidade do México.
Ou rua do México.
Rua do México.

CENA II.

Mark Guilbert.
Sim senhor.
É só um hábito.
O que é só um hábito.
Ler a autobiografia de Edward Lincoln.
Quem é ele.
Ele é o homem que reconhece o princípio de duas embarcações.
Quais duas.
O Bolton e o Meadow.
As duas estão aqui.
Estão.
O que eles estão fazendo.
Estão descarregando.
Estão transferindo isso de um navio para o outro.
Estão.
Genevieve.
Vi um casamento hoje.
A noiva estava vestida de negro. Seu véu era negro.
Isso porque ela era uma viúva.
Oh é isso.
Como é o costume no seu país.
No meu país elas sempre usam véus brancos.

Até mesmo as viúvas.

Sim a menos que você seja rica você tem um vestido negro.

Sim é mais econômico.

E útil.

Sim certamente.

Às onze horas.

No dia cinco e seis e sete de janeiro.

Um pouco obeso e uns cento e vinte.

Eu estava certo.

Mark Guilbert.

Estou livre na quarta-feira.

Com quem você fala.

Posso fazer isso facilmente.

Claro que você pode desejamos cumprimentá-lo.

Fico contente em ouvir isso.

CENA III.

Uma peça. México.

Esta noite ele mencionou que eles foram negligentes e que eles foram facilmente perturbados.

Posso entender isso.

Mark Guilbert.

Você conhece Bird.

Não não o conheço quer dizer eu o encontrei e o conheci.

Ele é muito interessante.

Um Mexicozinho.

Diga.

O quê.

Quando você fixou seus dentes você usou borracha.

Você usou.

Sim todos os dentistas usam.

Como você lida com isso.

Muito facilmente.

E com muito êxito.

Sim certamente.

Nós fomos especialmente afortunados com a eletricidade. Foi somente no início que tivemos medo de trovão.

Uma gentilezazinha.

Não desejamos convidá-los. Quando eles chegam eles fazem perguntas agradáveis.

Quem é o guarda.

Nós somos.

Nesse caso não esqueçam o relógio.

E um bilhete.

 E um desenho.

E seria melhor você me deixar algum poema.

Você quer dizer fazer.

Não.

Muito bem então.

Flores são belas.

Frutas também.

Carnes também.

Açúcares também.

Queijos também.

Gosto de uma piada sobre queijo.

Gilbert Ferdinand.

Por que você faz um barulho.

Porque estamos isolados.

Você não tem um vigia.

Certamente senhor.

CENA IV.
ATO IV.

Primeiro segundo terceiro e quarto pássaro.

Você gosta dele.

O tempo todo.

Não tem sentido me perguntar isso. Nunca esperamos pedir flores para alguém.

Isso é perfeitamente natural.

Claro que isso é perfeitamente natural.

Quando você vai se casar.

Se casar com.

Ele.

Se importa em fazer isso.

Você se importa em fazê-lo se você é visitada.

Todo mundo é visitado numa ilha.

Ermine.

O que é influência.

Influência é o prazer que alguns têm em nos recordar dos povoados.

Herbert.

Os povoados estão perto de uma cidade.

Não se você usa corretamente a palavra. Os povoados são o país. Ir para um povoado é deixar a cidade.

Augustine.

Esse é o seu nome.

É.

Por que ela fala do seu patrão.

Porque ela é uma empregada e cozinha.

Ela cozinha bem.

Muito bem.

Sr. Standish.

O que você está dizendo.

Você está satisfeito com o clima.

Sim estou satisfeito com o clima.

CENA V.

Nós tínhamos combinado que não ficaríamos com raiva.

Sr. Murchison.

Eu tenho me enganado com que frequência.

Você estava enganado quanto à duração de tempo que os estrangeiros ficariam na ilha.

Sim de fato estava.

E qualquer um pode ser obediente.

Sim não é difícil.

Estávamos enganados sobre o presidente.

Sim estávamos de certo modo discursando.

Como íamos saber.

Ficando atentos a alguns fatos sobre os quais não tínhamos sido informados.

Sim isso está certo.

Não precisamos ser cautelosos.

De fato não.

Sra. Giles.

Por que você não explica a diferença entre degraus e estrada.

Frequentemente explico.

Qual é então.

A diferença entre degraus e estrada é que uma é desagradável e a outra não.

Certamente.

Notamos isso frequentemente.

Agora nós evitamos os degraus.

Nós também.

Sim acho que isso é uma prática comum.

Degraus são declives.

A estrada também.

De fato o é.

Por que você está atrasado.

Não estou muito atrasado.

Não você não está muito atrasado.

Nos encontramos muitas vezes antes.

De fato nos encontramos.

Henrietta Fountain.

Nossa você esteve aqui antes.

Sim e vi as amendoeiras em flor.

Sim certamente todo dia.

Sim de fato e com grande satisfação.

Sim e alguma satisfação em treinar.

Sim em treinar e muitas coisas.

Sim nisso continuamente.

Sim muito nisso.

Já te aconteceu de ouvir sobre a cidade da Geórgia.

Não sabia que existia uma cidade com esse nome.

Eu tinha a referência de um navio.

Então posso certamente concordar com você.

Esperava que pudesse.

Será um prazer encontrá-lo novamente.

ATO V.
CENA VI.

Um grande número de peças é melhor do que outro.

Gilbert.

Entre.

Henry.

Entre.

Francis.

Um grande número de pessoas entra.

Philip.

Um grande número de pessoas entra.

Sebastian.

Sim de fato.

James Morey.

Tenho que dar permissão a todos.

Você tem que dar permissão a todos que você achar que são responsáveis.

Tenho que escolher.

Melhor tomar cuidado com quem escolher.

Serei muito cuidadoso.

Todos nós somos muito cuidadosos.

CENA VII.

Um grande número de casas está de pé.

E alguns barcos.

Um grande número de barcos.

Sim um grande número de barcos não foi perdido.

Sim um grande número de barcos é útil.

Você os ouve.

Ouço sobre eles.

Nós também.

CENA VIII.

Não é necessário ter um santo.

Por que não.

Ninguém pode responder.

Alguns podem.

O que eles respondem.

Eles dizem que eles esperam repetição.

Algumas rosas que estão aqui parecem rosas de inverno. O que significa apenas que elas são compradas no domingo em vez de na sexta significa apenas que elas são compradas no domingo em vez de na sexta.

ATO V.
CENA IX.

Você quis dizer ficar surpreso.

O criado.

Ela quis dizer ficar surpreso.

O que é o Peru.

Uma república.

O que está gravado.

Comercial.

O que é provável de conduzir para.

Uma competência.

Quem gosta de comida.

Uma pessoa nervosa.

Uma mãe.

Não não uma mãe.

Uma esposa.

Sim uma esposa.

Quando eles vão se encontrar muito apropriadamente.

Quando eles acreditarem no que eles têm em sua casa.

Tudo isso foi feito por eles.

Não as coisas que eles compraram.

Não certamente não.

Sr. Morton.

Como vai você Sr. Morton.

Toda a família.

Como você pode andar pelo país.

Muito facilmente se você não ligar para os morros.

A gente se acostuma com isso.

Por que existe uma diferença entre a América do Sul e a América do Norte.

Não existe nenhuma diferença ele quis dizer em ir para lá.

Afinal ele está muito contente.

Certamente ele estava e os resultados foram bons.

Excelente.

Sr. Clement.

Ele partiu.

Partiu.

Sim e eu preciso de um clima seco.

Precisa.

Estou muito satisfeito onde estou.

E você pretende ficar.

Não acho que não.

Mas você gosta do Peru.

Muito.

MÉXICO
PARTE II.

Vozes altas ouvidas por mim.

Nós voltamos.

Todo o tempo em que estávamos dizendo nuvens lua eles estavam comendo.

Arroz e tudo.

Sr. Gentian.

O que são os resíduos.

Não sei.

Há uma abundância de tâmaras maduras. Tâmaras crescem no México. Elas dão em qualquer lugar. Não a do tipo comestível. Não, não a do tipo comestível.

Sr. Hawthorne.

Quais são as mudanças.

Há muitas delas em alguns estados.

Você vê aquilo.

Você quer dizer a casa.

Sim quero dizer aquela casa lá.

Sim eu a vejo muito bem.

No meio da abundância de separação há sempre alguém nos gramados. Você gosta de gramados. Claro que gosto.

Tem muito tempo.

Nesse caso vamos calmamente.

Sim vamos ver um ao outro.

Um outro.

Não hoje.

Agora estamos muito fracos. Perfeito. Sim perfeito. Há muitos chamados. Sim há no que diz respeito ao assunto.

Muitos de nós temos empregos.

Se diz que cinco mil aveias são comidas diariamente.

Sim se diz.

Não temos motivo para admitir expressões usuais.
Não vamos admitir isso.
Por que não.
Porque temos uma intuição.
Se falou sobre um fogo.

CENA II.

Mude novamente. Não mudamos novamente.
Facilmente atento. Diga as palavras. Facilmente atento hoje.
Martha. Entre.
Todo o tempo da Marinha Mercante é gasto com madeira. Uma grande quantidade de madeira e então não há descontentamento nenhum.
Pérola. O que você disse?
O tempo que sugere o inverno quando você está muito feliz. O inverno é tão prazeroso.
Entendo anúncios.
Todo o tempo.

CENA III.
Essa é uma cena muito boa.

Sim senhor.
Se você quer ser respeitável trate-me de senhor.
Gosto muito de sim senhor.
Mildred. Mildred é o seu nome não é.
Eu não presto muita atenção em nada.
Millicent. Millicent é o seu nome não é.
Sim.
Não quero fazer nada tão curto.
Farei isso tão longo quanto você quer.
Fará.
Sim.
Querido você é tão gentil.
Gentil você não gosta dessa gentileza.

Sim gosto.

Horace. Você já ouviu falar de Fernville.

Sim certamnte é no interior.

A oeste de Edite.

Sim.

Oh sim.

Tinha semelhança.

Não tinha.

Sim com certeza tinha.

Muitas flores. Tem muitas flores.

Nós temos em grande quantidade.

ATO II.

Meninos altos têm catorze.

Ou dezesseis.

Vimos isso e não foi um erro associá-los com peras sensíveis assim então eles saberiam que eles poderiam responder muito bem. Eram perfeitamente satisfatórios. Millicent Millicent Foster.

Acredito de fato que achei o Capitão Foster mais interessante.

Não tem erro em se fazer ataques são declarados e bem declarados e hesitação não é culpável. Ninguém pode dizer que católicos são orgulhosos.

Não quero discutir a questão aqui.

Senhorita Millicent Wynne.

Por que você introduz seu nome assim.

Eu não o introduzo assim.

Claro que o faz.

Você quer dizer.

Você pergunta para todo mundo sobre um trem.

Nós estávamos com vergonha do trem.

Estavam.

Sim tínhamos razão para estar.

Posso entender. Você pode entender tudo.

Uma lição espanhola.

Começa agora.

Deixando o quarto.

Não mencionando por que você está hesitante.

Eu não estou hesitante e além do mais quero aprender inglês.

Você quer.

Sim.

Para ler.

Para ler.

Mas você lê muito bem.

Isso não pode ser dito.

Você quer dizer que admiramos você.

Você pode fazer assim.

Eles estavam envergonhados com a sua água.

Ninguém tem nenhuma água.

Isso é o que eles nos disseram.

México.

CENA II.

A maré do México. Não queria dizer assim.

Amarrado México.

Fronteira do México.

Gosto das letras m e o.

Sr. Gilbert. Não conheço essa criança.

Ele fala com você.

Sim ele fala.

E o que ele diz.

Ele me pergunta o que eu deixo para o inglês.

Ele pergunta.

Sra. Nettie Silk. Divirta-se.

Nos divertiremos.

Quando você diz que você cruza esse caminho.

Naturalmente você cruza.

Por que você não devolve os meus livros.

Você os quer.

Não só agora. Você pode emprestá-los.

Todos eles.

Sim todos eles.

Muito obrigado.

Sra. William Lane. Encontramos esta casa.

Sim e nós fomos aceitos.

Para quê.

Para sempre.

Oh você não quer dizer que você não vai mudar de ideia.

William irá.

Ele irá.

Sim senhor.

O resto do dia.

Ele escreveu sobre isso.

Você acredita nele.

Acredito.

Muito bem.

Muito bem.

Não faz nenhuma diferença.

Não faz nenhuma diferença.

Lembre mesmo disso.

Sim lembrarei.

Posso acreditar em você.

Sim Madame.

Vamos embora.

Há um caminho.

Conheço o caminho.

Conheço aquele caminho.

Sim eu conheço mesmo aquele caminho.

Não quero dizer isso.

Você não quer dizer isso.

Sim senhor.

CENA III.

Qual é o problema.

Cevada saltando aprendo isso rapidamente.

Tudo sobre cereal de milho.

Isso era tão curioso que nós pensamos que ela tinha adicionado um ovo.

Herbert Guilbert. Esse é o nome. Estamos contentes com tudo. Gostamos de pássaros e curvas e não me importo em dizer que gostamos de presentes.

Estamos tão desapontados.

Com o quê.

Com o ferro é claro.

Sra. Henry. Venha me ver no meu hotel.

Acho que não iremos.

Boa noite.

A luz surgiu.

À meia-noite.

Não um pouco depois.

Pensamos que não era difícil.

Um pouco mais difícil.

John Beede. Cometi um erro.

Harry Shirley. Folhas e folhas de grama e árvores.

Oh sim.

CENA IV.

Esse é o jeito de começar.

Outra página. Ela me ouve. Ela ouve você como.

Vire a página.

Não se você não o faz.

Oh sim.

Alphonse Nester. Qual é o nome dele.

Você não o ouviu. Veio de toda parte.

Sim veio.

Um grande número de pessoas foi culpado.

Um grande número de pessoas foi culpado.

Robert Nestor. Ouvi sobre ele.

Claro que ouviu.

Seja cuidadosa.

Seja muito cuidadosa.

Não há nenhum perigo.

Não há nenhum perigo.

Não para mim.

Não por mim.

Oh sim.

Diga isso.

Disse isso.

Podemos dizer.

Sim.

Diga para o jovem rei não incomodar.

O que você quer dizer com jovem rei.

Quero dizer o que estou querendo.

Para fazer o quê.

Para dizer tudo.

Ele não devia ter-lhe dito.

Bem ele disse para a Sr. Doux.

Ele disse.

Claro que ele disse.

Eu falo pare e pense.

Falo isso.

Não não mudo isso.

Você gosta de repetição.

Sim gosto de repetição.

ATO III.

Não me satisfaça com o México.

Sr. e Sra. Bing. Eles tinham um livro. Sim senhorita.

Sr. e Sra. Guilbert. Mencionei esse nome.

Claro que o mencionou.

Claro que o mencionou para mim.

Não chore.

CENA II.

Esse é o final do dia. Amanhã partiremos cedo. Encontramos todo mundo. Alguns bem alimentados. Estaremos. Bem acredito que sim. É loucura ser tão abstêmio. Eles realmente são. Não reparei isso.

México.

Quando acontece de você escolher os pratos você deve se lembrar que eles mesmos curam o presunto isto é defumam.

Oh sim.

Então você deve ter cuidado ao cozinhar a gordura.

Você quer dizer na ilha.

Ela estava certa. Não sobre o todo. Ela não sabe nada. Bem então por que perguntar para ela sobre madeira.

No país deles eles celebram o domingo.

Deus nos abençoe eu digo Deus nos abençoe o dia todo e a noite toda também.

Não o mencione para mim.

Quando você vir isso assim lembre-se de mim.

CENA III.

Me admiro se não há um erro.

Horace Lewis não posso imaginar um tal nome.

Horace. É meu nome.

Um grande número de pessoas está lá.

Quem diz isso.

As madeiras o sobretudo do homem pobre.

Podemos pronunciar tudo.

Um velho trabalha mais duro para comer do que um rico.

Chegue-se a mim mãe.

Don Jose. Você vendeu o cachorro.

De jeito nenhum eu o doei.

Don Jose.Onde está o seu cachorro.
Ele está na cidade.
Don Nicholai. Como você pronuncia o meu nome.
Então como andar com leitão
Quer dizer sentar no chão.
Quer dizer um porco.
Não neste país.
Donna Pilar. Isso é queijo.
Sim é um queijo muito bom.
Como você o prepara.
Com conhaque.
Você quer dizer *brandy*.
Ninguém poderia chamar isso de vinho.
Sra. Gilbert. Não vou insultá-los novamente.
Por que por causa do almoço que eles lhe deram.
Não.
Você conhece Sr. Bell.
Sr. Henry Bell.
Não Sr. Paul Coles Bell.
Oh sim. Ele ensina inglês.
Certamente que ensina.
Eu gostaria de ensinar espanhol.
Eu também.
Don Miguel. Acredito num marido e mulher.
Eu também.
E em muitas crianças.
E num novo correio.
Não temos nenhuma opinião sobre isso.

ATO IV.

Agrade-me.
E o sol.
Amanhã.
Espero que sim.

Temos todos os motivos para esperar isso.

Mas talvez fiquemos desapontados.

Peggy Chambers. Ela foi embora.

Foi embora.

Ela o iludiu.

Como.

Ela não era preparada.

O que você quer dizer com não estava bem preparada.

Ela não estava preparada para viajar.

Tem aula para viajar.

Tem se você quiser fazer parte da conversa.

O pássaro nunca fez parte da conversa.

Você está muito enganado.

Mark Baldwin. Qual é o seu nome.

Austrália. Você mencionou Austrália.

Oh sim você mencionou Austrália.

Acreditamos no México.

CENA II.

México.

Venha me ver no México.

Não acredito em espera e comida.

Isso é o que dissemos.

Mark Guilbert. Quantas vezes mencionei o seu nome.

Lindo Bell. Não mencionei seu nome antes.

Oh sim você o mencionou.

Charles Pleyell. Esse é o nome que todos nós conhecemos.

Minha caneta está fraca minha tinta está acabando minha mão treme como o rabo de cão abanando.

Dorothy Palmer. Onde fica Ibiza.

Frank Jenny. Não acredito que ele esteja em casa.

Em casa.

Sim na sua casa.

Não acredito que ele esteja fora.

Mark Guilbert. Ele é um jovem.

Conhecemos três na ilha.

Mark, Allan e a mãe deles.

Não foi isso que eu quis dizer quando disse que ela parecia americana.

CENA III.

Não entendo muito bem o que eu fiz.

Inverno e chuva não está chovendo. Chove todo dia. Oh sim isso deixa a madeira úmida. Preferimos assim. Obrigada você virá almoçar. A que horas. À uma hora. John Russel. Se existe um nome maiorquino se Maiorca deu um missionário que converteu os colonizadores californianos se os maiorquinos têm sua própria cidadezinha perto de Nova York então acreditaremos na influência espanhola no México. Os espanhóis não são queridos no México.

John e Maria Serra.

Fundamentos.

O meio do dia. Por que você não vem durante o dia. Você quer dizer escutar. Não não quero dizer escutar.

É muito bem dito.

Dorothy Palmer. Entre e descanse.

Estamos entrando.

Um grande acordo.

Muitos erros grandes.

Maria Serra. Entendo que você deseja me mostrar o que você tem.

Sim.

Você virá amanhã.

Amanhã seria mais conveniente para mim.

Ou hoje.

Hoje seria conveniente para mim.

Você ficaria desapontado se Fernando Orro cantasse apenas duas vezes.

Claro que não.

Você quer dizer que você estaria inclinado a mudar de opinião.

Claro.

Sim é isso.

Claro que um grande número de pessoas está lá e elas não pretendem dizer nada.

Você quer dizer louvável.

Sim fique feliz em me encontrar.

Sim um diamante.

Todos os caminhos para chegar.

Em casa.

CENA IV.

México começa aqui.

Você se alivia aqui.

Aqui nos temos estrela-do-mar. Você quer dizer pequenas. Sim pequenas.

Mark Gilbert. Eu queria te contar sobre as minhas.

Sim.

Ou você preferiria ouvir que havia meteoros.

Eu certamente preferiria ouvir que havia meteoros.

Qualquer um pode se referir a isso.

Sim eles podem.

Nesse meio tempo o vento nesta tarde quase não está naquela localidade.

Você acha que alguém pode dizer isso.

Não talvez não.

Sra. Penfold. Sra. Penfold não vê ninguém.

ATO V.

O ato da chegada é lamentável.

Manteiga é lamentável.

Tudo isso é o suficiente.

Ela disse que é mais agradável agora quando tem o suficiente para que possa haver mudança.

Sr. e Sra. Leland Paul.

Você conhece esse nome. Você sabe que está sendo chamado de Sr. Paul. Você me ouviu dizer que um grande número de pessoas ouve ópera.

Um grande número de soldados nas ruas.

Isso significa que existe madeira para impedir o tráfego.

Não abundância de madeira oh não.

Querida Sra. Amos.

Eu marco o B porque é muito perigoso.

Um grande número de cachorros é muito perigoso também.

Você se importa. Lilie você se importa.

Sim me importo.

CENA II.

John Quilly. Você se lembra dele.

Você quer dizer da cor.

Ou do efeito.

Por que sim é claro eles eram bonitos.

Sim eles eram.

Receberemos mais algumas na terça.

Preferiria pensar que sim.

Um grande número.

Tanto quanto pudemos.

Todos desse tipo.

Sim.

CENA III.

Descuidado.

Quem descuidou dos lírios chineses.

Ninguém descuidou. Eles crescem tão profusamente que não há necessidade de cultivá-los.

Mas a temporada é tão curta.

Sim mas os selvagens têm uma qualidade mais delicada do que os outros.

CENA IV.

Eu disse que estávamos encantados.

Se eles fossem flores azuis e crescessem onde o giz está eles poderiam ser azuis.

O barro os deixa escuros.

As pedras os deixam purpúreos e azuis.

Esta é a cor descrita nesse meio tempo.

Não estávamos desapontados.

Claro que não.

John Quilly. Por que você repousa.

Estávamos tão desapontados com a eletricidade. Claro não foi nossa culpa.

John Quilly. John Quilly John Quilly meu bebê criancinha está mais bonito do que os John Quillys nunca foram.

Então escolheram fazer em duas horas.

Posso fazer em uma hora.

Soube que isso é feito em cinco horas e meia.

CENA V.

Você se aliviou.

Eu não deveria tê-lo mencionado no outro livro.

Oh não faz nenhuma diferença.

Você quer dizer que não importa.

Sim é isso o que eu queria dizer.

Você disse que acreditava em atraso.

Todo mundo acredita em atraso.

Não me aborrece.

ATO VI.

Esse é o fim. Você se lembra do sexto ato. Me lembro. Ele sempre me interessou.

Milly. Pensei assim.

Você quer dizer que você pensou numa coleção.

Sra. Penfold. Sr. Penfold.

Sr. Lindo Howard. Não serei capaz de estar bem. Explicarei para Harold.

Isso é o que ele disse.

México nunca é um desapontamento.

Bodes. Bodes são ocidentais. Você quer dizer um pretexto.

Não é claro que não na plumagem.

Não uso essa palavra.

Estava tão satisfeito com as vozes do Sr. e da Sra. Penfold.

Antes de hoje.

Você pretende fazer daquilo uma pergunta.

Tito Rufo.

Tito Rufo sim.

CENA II.

Tito Ruffo. Não.

É desse jeito que eles o dizem.

Eles disseram que eu gosto de estar separado.

Você realmente quer dizer isso.

Real e verdadeiramente.

Sr. Crowell. Como você pronuncia.

Nós o nomeamos bem.

Você quer dizer que é desse jeito que você o pronuncia.

Sim você está surpreso.

É claro que estou surpreso.

Você nunca lê os jornais.

Não pela manhã ou à noite.

Você quer dizer por causa das más notícias.

Não eu gosto de bandeiras.

CENA III.

Certo México.

Não o chamamos de Peppe. É o diminutivo de Joseph.

Não o chamamos de Pablo.

Não o chamamos de Peppe.

Não tivemos o prazer de ouvir Rigoletto.

Rei William. Você está satisfeito com tudo.

Certamente eu estou a notícia é boa.

Marcelle Helen. Como vai você eu estive num bombardeio.

Você esteve.

E você se retirou.

Nós não deixamos a nossa aldeia.

Pedimos ao cônsul para ele nos contar o que ele pensou.

Ele disse que não havia nada a temer.

De forma alguma.

Ele disse.

Muito bem hoje.

Oh sim o vento.

CENA IV.

Não me enganei.

Oh de fato não.

Minha mãe.

Você quer dizer sua mãe.

Quero dizer que acho que o governo deveria enviá-la para a casa dela.

Vamos ver.

Tradução: Dirce Waltrick do Amarante

CONTANDO OS VESTIDOS DELA
(1917)
UMA PEÇA

PARTE I
Ato I
Quando eles não me viram.
Eu os vi de novo.
Não gostei.

Ato II
De novo conto os vestidos dela.

Ato III
Sabe você desenhar um vestido.

Ato IV
Num minuto.

PARTE II
Ato I
Acredite em seu engano.

Ato II
Aja rapidamente.

Ato III
Não se importe com o dente.

Ato IV
Não seja descuidado.

PARTE III
Ato I

Eu sou cuidadoso.

Ato II

Sim você é

Ato III

E obediente.

Ato IV

Sim você é.

Ato V

E esforçado.

Ato VI

Sem dúvida.

PARTE IV
Ato I

Venha cantar e se sente.

Ato II

Repita isto.

Ato III

Repito isto.

PARTE V
Ato I.

Sabe você falar depressa.

Ato II

Sabe tossir.

Ato III

Mande lembranças a ele.

Ato IV

Lembre-se que eu quero um sobretudo.

PARTE VI
Ato I

Sei o que quero dizer. Como vai você eu o perdoo por tudo e não há nada a se perdoar.

PARTE VII
Ato I

O cachorro.   Você quer dizer pálido.

Ato II

Não nós queremos marrom-escuro.

Ato III

Estou cansado de azul.

PARTE VIII
Ato I

Deveria eu usar meu azul.

Ato II

Use.

PARTE IX
Ato I

Agradeço pela vaca.
Agradeço pela vaca.

Ato II

Agradeço muito.

PARTE X
Ato I

Colecionando os vestidos dela.

Ato II.

Deveria você estar irritado.

Ato III

De modo algum.

PARTE XI
Ato I

Pode você ser grato.

Ato II

Por quê.

Ato III

Por mim.

PARTE XII
Ato I

Não gosto desta mesa.

Ato II

Posso entender isso.

Ato III

Uma pena.

Ato IV

Isto pesa mais que uma pena.

PARTE XIII
Ato I

Não é cansativo contar vestidos.

PARTE XIV
Ato I

Qual é sua convicção.

PARTE XV
Ato I.

Em troca de uma mesa.

Ato II

Em troca de ou sobre uma mesa.

Ato III

Nós estávamos satisfeitos.

PARTE XVI
Ato I

Diria você que gosta de escultura negra.

PARTE XVII
Ato I
A intenção das janelas é ar.

Ato II
E uma porta.

Ato III
Uma porta deveria ser fechada.

PARTE XVIII
Ato I
Sabe você manejar isto.

Ato II
Você quer dizer vestidos.

Ato III
Quero eu dizer vestidos.

PARTE XIX
Ato I
Eu quero dizer um dois três.

PARTE XX
Ato I
Sabe você soletrar depressa.

Ato II
Eu sei soletrar muito depressa.

Ato III

Minha cunhada também sabe.

Ato IV

Sabe ela.

PARTE XXI
Ato 1

Conhece você algum modo de sentar.

Ato II

Quer dizer confortavelmente.

Ato III

Naturalmente.

Ato IV

Compreendo.

PARTE XXII
Ato 1

Está você com medo.

Ato II.

Já não estou mais com medo de água do que eles estão.

Ato III

Não seja insolente.

PARTE XXIII
Ato I

Precisamos de roupas.

Ato II

E lã.

Ato III

E luvas.

Ato IV

E impermeáveis.

PARTE XXIV

Ato I

Pode você rir de mim.

Ato II

E eles dizem.

Ato III

Casado.

Ato IV

Sim.

PARTE XXV

Ato I

Lembra como ele olhou para roupas.

Ato II

Lembra do que ele disse sobre desejar.

Ato III

Lembra tudo sobre isto.

PARTE XXVI
Ato I

Oh sim.

Ato II

Você é estimulado.

Ato III

E entretido.

Ato IV

Nós somos.

PARTE XXVII
Ato I

O que posso afirmar que eu gosto disto.

Ato II

Posso ver vários exemplos.

Ato III

Pode você.

PARTE XXVIII
Ato I

Para isso faremos um acordo.

Ato II

Você quer dizer alguns desenhos.

Ato III

Falo eu de arte.

Ato IV

Todos os números são bonitos para mim.

PARTE XXIX
Ato I

Claro que são.

Ato II

Quinta-feira.

Ato III

Esperamos pela quinta-feira.

Ato IV

E nós também.

PARTE XXX
Ato I

Estava ela brava.

Ato II

A quem você se refere estava ela brava.

Ato III

Estava ela brava com você.

PARTE XXXI
Ato I

Reflita mais.

Ato II

Eu realmente quero um jardim.

Ato III

Quer você.

Ato IV

E roupas.

Ato V

Eu não menciono roupas.

Ato VI

Não você não mas eu menciono.

Ato VII

Sim sei disso.

PARTE XXXII

Ato I

Ele é cansativo.

Ato II

Ele não é cansativo.

Ato III

Não realmente.

Ato IV

Sei contá-los.

Ato V

Você não me interpreta mal.

Ato VI

Não interpreto mal ninguém.

PARTE XXXIII
Ato I
Sabe explicar meus desejos.

Ato II
Pela manhã.

Ato III
Para mim.

Ato IV
Sim, lá.

Ato V
Então você não explica.

Ato VI
Eu não forço uma resposta.

PARTE XXXIV
Ato I
Pode você esperá-la hoje.

Ato II
Vimos um vestido.

Ato III
Vimos um homem.

Ato IV
Sarcasmo.

PARTE XXXV
Ato I
Podemos nos orgulhar de amanhã.

Ato II
E os coletes.

Ato III
E as portas

Ato IV
Sempre me lembro das estradas.

PARTE XXXVI
Ato I
Sabe você falar inglês.

Ato II
Em Londres.

Ato III
E aqui.

Ato IV
Comigo.

PARTE XXXVII
Ato I
Conte os vestidos dela.

Ato II
Colecione os vestidos dela.

Ato III

Limpe os vestidos dela.

Ato IV

Conheça o sistema.

PARTE XXXVIII
Ato I

Ela poliu a mesa.

Ato II

Conte de novo os vestidos dela.

Ato III

Quando você pode vir.

Ato IV

Quando você pode vir.

PARTE XXXIX
Ato I

Respire por mim.

Ato II

Eu posso dizer isso.

Ato III

Não é engraçado.

Ato IV

Enquanto isso.

PARTE XL
Ato I
Sabe você dizer.

Ato II
O quê.

Ato III
Fomos informados.

Ato IV
Oh leia isso.

PARTE XLI
Ato I
Não compreendo esta volta ao lar.

Ato II
Ao entardecer.

Ato III
Naturalmente.

Ato IV
Nós decidimos.

Ato V
Realmente.

Ato VI
Se você deseja.

Tradução: Luci Collin

O REI OU ALGO
(1917)
(O PÚBLICO É CONVIDADO A DANÇAR)

Me deixando ver.

Venha junto quando puder.

Queira isto mais alto. Quer dizer aquele lago.

Qual foi a coisa engraçada que você disse.

Estou aprendendo a dizer um freio.

Estou aprendendo a dizer uma embreagem.

Estou aprendendo a dizer isto em francês. Uma casa ou leões.

Um leão jovem se parece com um cachorro. Nós rimos. Não estou satisfeito.

Você tem que sentir o que escreve.

PÁGINA II

Ouço um ruído.

PÁGINA III

Disse eu que era mecânico e chofer mas não das classes dos trabalhadores não da classe das classes dos trabalhadores. Vi um funeral. Ao longo de toda a rua. Isto não é inauguração. Era domingo. O cozinheiro disse que sentia muito por ter nos levado lá.

PÁGINA IV

Me deixando ver.

Nellie tem um presente.

PÁGINA V

Você se importa de quem são os presentes.

Não os expusemos.

PÁGINA VI

À mão.

PÁGINA VII

Nellie.

PÁGINA VIII

Agora então ontem.
Agora então para hoje.
Nellie é pobre quer dizer não está gastando mais dinheiro.
Josefina e Genoveva.
Uma xícara.
Estou tão contente.
Por contar presentes.
Sim.
E por misturar cerâmica.
Você não pretende fazê-los.
Oh não dá-los.
Oh sim.

PÁGINA IX

Estava lhe agradando isto.
Gosta você de flores azuis. Sim se você as colhe.
As colheremos juntos.

PÁGINA X

Não depois de você aprender a dirigir.

PÁGINA XI

Não isso.
Não isso hoje.

PÁGINA XII

Próximo a vir.
Próximo a vir a mim.
Falo esplendidamente.
Diga para vir egípcio.
Quero dizer boêmio.
Pássaros não estão muito cansados.
Meninos estão sendo preparados.
Rir e ver.
Não tente isso de novo.
Gostaria que houvesse um mercado para cadeiras.
Você quer dizer isso com isso.

PÁGINA XIII

Não direi sim.

PÁGINA XIV

Dois cozinheiros.
Quaisquer dois cozinheiros juntos.
Despeça todos os criados.
Ela o fez.

PÁGINA XV

Nós não.
Permita-me diferir.

PÁGINA XVI

Disse você que aquilo o fez.

PÁGINA XVIII

Provavelmente perdi isto.

PÁGINA XIX

Volta volta.

PÁGINA XX

Você nunca deve se apressar.
Não de fato.
Agora compreendo.

PÁGINA XXI

Pense um minuto pense um minuto lá.

PÁGINA XXII

Espere um minuto.
Quando você vai se lembrar de mim.
Amanhã.
Sim.
Amanhã.
Sim.

PÁGINA XXIII

Um exemplo esplêndido de bom tratamento.

PÁGINA XXIV

Havia uma pequena maçã coma.
Por uma menina que está molhada.
Molhada dos beijos.
Uma boa vaca grande aconteceu.
De uma menina que é chamada robusta.
Robusta dos beijos.
Uma boa vaca acontecerá.
Vinda de uma menina não duvido.
Nem ela coberta de beijos.
Ela é senhoritas.
É isso.

PÁGINA XXV

Setenta figos.
Maçãs são escassas.
Melões não têm gosto bom.
Galinhas são muito boas.

PÁGINA XXVI

Uma pequena inclinação para o Hotel Alcazar.
Uma pequena inclinação você disse estou tendo aulas para isto.
Realmente está.
Convocação.

PÁGINA XXVII

Queria você que eu mencionasse igrejas.
Faça a gentileza.

PÁGINA XXVIII

Cidades circunvizinhas.
Gatos egoístas.
E pássaros.
Pássaros estão voando.
E também carros.
Me escute quando eu falo.
Porque eu falo.
Não gosto nem de vinagre de framboesa.
Costumávamos ter isso na Califórnia.

PÁGINA XXIX

Lizzie diz sim.
Ela teve uma criança.

PÁGINA XXX

É você desprezível.

PÁGINA XXXI

Mudo o lugar.
De modo algum.
Sentarei.
Este é o lugar para mim.
Você não é insultado.
Por ninguém.
Todo mundo diz oh sim.
E estou muito satisfeito.

PÁGINA XXXII

Sim oh sim.

PÁGINA XXXIII

Qualquer lugar para ficar.
Hoje.
Sei o que comprei.

PÁGINA XXXIV

Conduza o Sr. Luís.
Eu digo conduza o Sr. Luís.
Dores rasas.

PÁGINA XXXV

Reis simples.
Vigília à tarde.
Nuvens no verão.
Chuva.
Encaixotando flores.
Não quero dizer flores brancas.

PÁGINA XXXVI

Me credite com desejos.
Credito.
Creditarei.

PÁGINA XXXVII

Por que ele não começa.

PÁGINA XXXVIII

Muitas páginas.

PÁGINA XXXIX

Noite hoje.
Hoje à noite hoje.
Posso sentar afundando.
Receba uma repreensão.

PÁGINA XL

Por que você pretende atacar.

PÁGINA XLI

A Vaca.
Sim Césares.
A Vaca.
Oh você abençoado abençoado abençoado projetista e boticário
e alegria.
Minha alegria.
A Vaca.

PÁGINA XLII

Uma bem-sucedida manhã tarde.

PÁGINA XLIII

Exatamente como a do príncipe.

PÁGINA XLIV

Páginas de comer.

PÁGINA XLV

Páginas de aquecer.

PÁGINA XLVI

Nenhuma palavra de advertência a eles.

PÁGINA XLVII

Faço bolachas frágeis.
Fortes no nascimento.
Obstinadas na discussão.
Planejadas para me levar.
Desejos de soldado.
Desejamos um carro.
Nós temos baias.
Estábulos.
Em manchas de tempo.
Você quer dizer isto. Todos queremos dizer isto. Nos chame cavalos.
Temos medo de cavalos.

PÁGINA XLVIII

Cante resolutamente para mim.
O Sr. Luís não diz.
José.

PÁGINA XLIX

Eu tenho paciência infinita.

PÁGINA L

Inclua lugares.
Por que você precisa de gratificações.
Porque a mobília é pesada.
É pesado aqui.
E leve na pressa de precisar de água.
Por que você a satisfaz.
Eu a satisfaço com buracos.
Éramos perversos sobre lousas.
Você quer dizer telhados.
Telhados e nações.

PÁGINA LI

Pode você me elogiar.
Pode você me elogiar.

PÁGINA LII

General nominal.

PÁGINA LIII

Isto é uma costa.

PÁGINA LIV

Grandes destinos civis.

PÁGINA LV

Venha a mim Luísa numa limusine.
Estávamos caminhando.
Estávamos caminhando e falando.

PÁGINA LVI

Erga ovos marrons.
Para mim.

PÁGINA LVII

Tem você pérolas esplêndidas.
Temos nós pérolas esplêndidas.

PÁGINA LVIII

Sempre penso que é o melhor.
Isto.
E o nome.

PÁGINA LIX

Me chame para a oportunidade.
O luar incomoda você.
Ele me incomoda aqui.

PÁGINA LX

Este é o modo para apontar.
Este é o modo.

PÁGINA LXI

Não um Deus grego.
Como você diz isso.

PÁGINA LXII

Tenho um nome.
Ela tem o mesmo.
Expressão.
Ela se parece com o soldado.
E nós também somos obscuros.

PÁGINA LXIII

Posso vê-los exatamente em procissão.
Não escreverei uma peça.
Obrigado amavelmente por seus votos amáveis.

PÁGINA LXIV

Me deixe ver o escaler.
Costumávamos usar esta palavra antes.
Ao entardecer e eles se reuniram com atenção.

PÁGINA LXV

Li sobre uma estrela.
Ouvi uma estrela.
Vi uma estrela.
Ouço uma estrela.
Vejo isto.
Onde vê você.
Lá.
Não vê você.
É um avião.
Oh sim já ouvi isso antes.
Eu também.
Não me preocupo em aborrecer.
Nós sim.
Isso é bastante natural.
Venha outra vez.

PÁGINA LXVI

Garatujando a cabeça dela.
Marcel.
Oh Marcel.
Manchas.
Limpador.
Freiras.
Desejos.
Negligencia ela o assunto.
 Gosto do que sinto.
Folette.
Ouça.

Sra. Beffa.

Qual é o nome da menina.

Desejaria ter tal criança.

PÁGINA LXVII

Posso falar com você pela irmã dele.

É o que gosto de pensar.

Sim com certeza.

PÁGINA LXVIII

Você não entende nossas queixas.

Não entendemos os motivos deles.

Não estão aborrecidos um com o outro.

Temos voos de avião em Buke. Soletre isto com um t.

Você me ouviu desejando.

Desejo ir embora.

 Conte com Muriel.

Contamos com Muriel

Sra. Tudor conta com Muriel. Não temos tais desejos.

Desejamos ouvir que ela tem outro nome, Etel ou Muriel.

PÁGINA LXIX

Algumas pessoas são aquecidas com linho.

PÁGINA LXX

Pode você pronunciar isso.

PÁGINA LXXI

Pode ver por que estou inspirado.

Posso reconhecer a causa da inspiração.

Também podem muitíssimas pessoas.

Isto é risível.

Venha alegremente.

E cante para mim.

PÁGINA LXXII

Contas e contando.
Liberdade de guerra e sucesso.
A janela diz então e há uma recusa.
Deixe isto como lição aos milionários.

PÁGINA LXXIII

Ernest diz que eles não darão dinheiro.
Não são caridosos.

PÁGINA LXXIV

Venha Nos Conecte.

PÁGINA LXXV

O conduza a mim.

PÁGINA LXXVI

Venha facilmente a mim.
Venha a mim lá e me fale sobre falas.
Falas e meu primo.
Ele não enviará a *van*.
Sim ele enviará a *van*.
E quando ele pode.
Ele pode enviá-la.

PÁGINA LXXVII

Quando vem deixa suja a cozinha dela.
Quando vem lava ela a prata.
Quando vem dizem todos como vai você.
Isto parece muito pouco depois de tudo.

PÁGINA LXXVIII

Quando ela vier diga sim.
Quando ela vier diga ela é.

PÁGINA LXXIX

Quando ela vier diga ele é.

PÁGINA LXXX

Não gosto de histórias misturadas dentro duma história. Este é um exemplo o regimento de cor. Sim percebo. Claro que você pode ficar bravo com isto.

PÁGINA LXXXI

Uma atração esplêndida e uma visita. Sentia ela muito.

PÁGINA LXXXII

Quanto Harrieta pagou pelos trajes dela.

PÁGINA LXXXIII

Pode você pensar em mim.

PÁGINA LXXXIV

Você pensa sobre o chinês.

PÁGINA LXXXV

Pode você comer.

PÁGINA LXXXVI

Come você.

PÁGINA LXXXVII

Deixe-os só.

PÁGINA LXXXVIII

Consegue exprimir estar sonolento.

PÁGINA LXXXIX

Pode você não evitar responder.
Sim posso.

PÁGINA XC

Uma marca educada.
Ócio educado.
Você pode não o menosprezar. Pode você o menosprezar.

PÁGINA XCI

Quero ser simples e pensar.

PÁGINA XCII

Você está bem apto para isto. Não não acho.

PÁGINA XCIII

Pode você ser sábio.
Pode você ser muito bem-vindo.
Pode você ser muito bem-vindo ao mencionar um inverno.
Acredite num inverno. Sim acreditamos.

PÁGINA XCIV

Pode você estabelecer estações. Eu posso estabelecer estações aqui.

PÁGINA XCV

Pode você aconselhar.
Pode você aconselhá-lo.

PÁGINA XCVI

Pode você aconselhá-la.

PÁGINA XCVII.
O que diz o negro hoje.

FINIS

Tradução: Luci Collin

SOTAQUES NA ALSÁCIA
(1918)
UMA TRAGÉDIA RAZOÁVEL

Ato I. Os Schemils.

Irmão irmão saiam e fiquem.

Irmã mãe acreditem em mim eu digo.

Eles nunca me alcançarão quando eu fugir.

Ele foge e mantém-se longe e estranho dizer que ele passa dos limites e vai sempre em frente e eles não o encontram mas ouvem que ele está lá na legião estrangeira na distante Argélia.

E o que acontece com a família.

A família consegue marchar e então alguns de seus camaradas ao escrever uma carta a qual foi pega pelo Boche acham que ele é um soldado que eles não podem tocar, então o que eles fazem eles decidem capturar a mãe dele e a irmã e o pai também. E como escaparam pagando dinheiro para alguém.

Isso é o que vocês fizeram com o Boche. Vocês sempre deram algum dinheiro para alguém talvez fosse um coronel ou talvez fosse um sargento mas de qualquer modo vocês fizeram isso e foi necessário e então foi o que aconteceu.

Os Schemmels.

Cante assim *so la douse so la dim*.

Un deux trois

Você pode me dizer blá.

Sim é claro.

O que você chama de Petide.

E então o que você chama de seu.

Deixe eu te beijar desejosamente.

Não uma montanha não um bode não uma porta.

Nem um sussurro nem um cacho nem um viés.

Uni dune tê salamê minguê.
Você é meu amor e eu te digo isso.
    Na luz do dia.
    E a noite.
O bebê pisca e me abraça forte.
De manhã e diariamente e no entardecer e continuamente.
Abraço meu bebê como eu digo
Completamente.
E o que é um sotaque da minha mulher.
 E o sotaque e a vida atual.
Oh querido oh meu querido meu oh.
Eu te amo te amo e tento.
Eu tento não ser indecente e impaciente e bonzinho.
Sou o alimento diário do meu bebezinho.

Alsácia

No exercício do poder tem um atrativo.
Acredite-me quero te fazer mal.
E a menos que você tenha um estômago para te alertar.
Quero te assustar para você se armar.
Deixe-me ir.
E os alsacianos dizem.
O que outro príncipe faz aniversário.

    Agora voltamos para os Schemmils.
Schimmel Schimmel Gott em Himmel
Gott tem Himmel Aí vem o Schimmel.
    Schimmel é um nome alsaciano.

Ato II.

É pouca coisa não esperar ninguém para vender o que você dá a eles.
É pouca coisa ser um ministro.
É pouca coisa produzir artigos.
Tudo isso é modesto.

O Irmão
Irmão irmão aqui está a mãe.
Estamos todos muito bem.

Cena
Ouça a tua suave alegria
É o meu prazer.
Estar com fome e cansado.
Isso é o que a estação ferroviária faz com você.
Uma estação ferroviária não é para trens.
É para nós.

O que são carrinhos de bebê.
Bens domésticos.
E não os caros.
Mas caros.

Um outro Ato.
Nuvens não se avolumam com ensino.
Elas não avolumam de jeito nenhum.
Nós queremos saber se é influência.
A propósito eu suponho.
Ela disse. Eu prefiro isso à Egglanterra.
O que você quer dizer.
Nunca perguntamos quantas crianças acima de onze.
Você não pode imaginar o que eu penso sobre o país.
Nenhum civil morto.

Ato II.
Veja o nadador. Ele não nada.
Veja o nadador.
Minha esposa fica brava quando ela vê um nadador.

Abertura II.
Nós gostamos de Hirsing.

III.
Gostamos do prefeito de Guebwiller.

IV.
Gostamos do caminho entre Cernay e a estrada de ferro
Vamos para todos os lugares de automóvel.

Ato II.
Este é um velho inverno característico.
Todo mundo volta.
Volta.
Posso limpar.
Posso limpar.
Não posso limpar sem uma mudança nos pássaros.
Estou tão satisfeita que eles me iludem.

Ato 54.
Em estrelas prateadas e cruzes vermelhas.
Em notas de dinheiro e água.
Conhecemos um vinho francês.
Vinho alsaciano é mais caro.
Eles não são particularmente velhos.
Velhos são velhos.
Ouve-se muito que Schemmel tem apendicite.

Cena II.
Você pode se misturar com outros
Você pode ser um cristão e um suíço.
Sr. Zumsteg. Ouço um santo.
Louisa. Eles me chamam de Lisela.
Sra. Zumsteg. Você vai me ouvir.

172

Jovem sr. Zumteg. Estava olhando a neve.

Todos eles. Como flores. Eles gostam de flores.

Cena III.

É uma oportunidade.

Quando você vê um hussardo.

Um zuavo.

Um soldado.

Um antiquário.

Talvez seja outro.

Ficamos surpresos com a história do pai e o padrasto de Marguerite e a Guerra Civil Americana.

Joseph. Três três seis, seis, cinquenta, seis cinquenta, cinquenta, sete.

Lendo francês.

Lendo francês.

Lendo France cantando.

Qualquer um pode olhar para os quadros.

Eles explicam os quadros.

Criancinhas têm pássaros velhos.

Eles queriam que fossem mulheres.

Qualquer um pode odiar um prussiano.

Alphonse qual é o seu nome.

Henri qual é o seu nome.

Madeleine qual é o seu nome.

Louise qual é o seu nome.

René qual é o seu nome.

Berthe qual é o seu nome

Charles qual é o seu nome

Marguerite qual é o seu nome

Jeanne qual é o seu nome.

Ato 425.

Vemos um rio e estamos felizes em dizer que isso é de alguma forma um caminho hoje em dia.

Vemos todas as janelas e vemos um *souvenir* e vemos a melhor flor. A flor da verdade.

Um Intervalo.

Trinta dias em abril proporcionaram uma oportunidade de cantar num casamento.

Três dias em fevereiro deram realidade à vida.

Cinquenta dias todo ano não fazem subtração.

Os alsacianos cantam de qualquer jeito.

Quarenta dias em setembro.

Quarenta dias em setembro sabemos o que é brotar.

Ato na América.

Alsacianos vivendo na América.

Fevereiro XIV.

Nesse dia as tropas que estiveram em Mulhouse voltaram.

Eles chegaram na primavera.

A primavera é tarde na Alsácia.

A água estava boa e quente de qualquer maneira.

O que você está fazendo.

Fazendo música e queimando a superfície do mármore.

Quando a superfície do mármore é queimada ela não fica muito descolorida.

Não mas há uma discussão.

E então os suíços.

O que tem de errado.

Os suíços são originários de Mulhouse.

Alsácia e Alsacianos.

Estivemos profundamente interessados nas letras das canções.

Os alsacianos não cantam tão bem quanto as suas cegonhas.

Suas cegonhas são suas estatuetas.

A regra é que as imagens de anjos e a comida e os ovos são vendidos por dúzia.

Ficamos surpresos.

E as batatas

Batatas são comidas secas.

Isso me lembra de uma outra coisa eu disse. Uma mulher gosta de usar dinheiro.

E se não.

Ela sente que realmente é seu aniversário.

É o seu aniversário

Deus a abençoe é seu aniversário.

Por favor me leve para Dannemarie.

E o que diz Herbstadt.

Os nomes das cidades são os nomes de tudo.

Pronunciar vilarejo é um teste maior do que guarda-chuva.

Isso foi a primeira coisa que ouvimos na Alsácia.

Canário, rosas, violetas e cortinas e bolsas e igrejas e pneus de borracha e um interrogatório.

Todas as folhas são verdes e infantis.

Quantas crianças fazem uma família.

O Guarda do Reno.

Mais doce do que a água ou o creme ou o gelo. Mais doce do que os botões de rosas. Mais doce do que o inverno ou o verão ou a primavera. Mais doce do que os belos buquês. Mais doce do que qualquer coisa é minha rainha e amor é a sua natureza.

Amor e bondade e prazer o melhor é seu Reizinho e Vossa Majestade de quem sua devoção é inteira quem tem pelo menos um desejo para expressar o amor que é dela para inspirar.

Em fotografia o Reno dificilmente é mostrado.

De que maneira o carrilhão te lembra da canção. De que maneira que os pássaros cantam. De que maneira que as florestas são negras ou brancas.

Nós as vimos azuis.
Com miosótis.
No meio de nossa felicidade estávamos muito satisfeitos.

Tradução: Dirce Waltrick do Amarante

A PSICOLOGIA DAS NAÇÕES
OU
O QUE VOCÊ ESTÁ OLHANDO
(1920)

Fazemos uma dancinha.
Willie Jewetts dançam num castelo do século décimo.
Dança francesa-soultziana no Boulevard Raspail.
Dança franco-espanhola na rua de la Boetie.
Dança russo-flamenga nas docas.
Comer pão é um jogo me entende.
Rimos para nos satisfazer. Japonês.
E então para apanhar. Blocos.
Você se lembra do que disse ontem.

      E agora chegamos à imagem.
Um menininho estava brincando de bolinhas de gude com soldados, ele estava fazendo as bolas rolar e derrubando os soldados.
Então veio a eleição presidencial.
O que ele fez. Ele encontrou garotos de todas as nacionalidades e brincaram juntos.
Eles gostaram disso.
No meio da eleição presidencial eles fizeram uma fogueira ao ar livre.
Um policial os parou.
O que um policial pode fazer, disseram.
O que é mais antigo do que isso.
Qualquer bebê pode olhar para uma lista.
Essa é a maneira com que eles ganharam o Texas
Vamos para a direita.
É maravilhoso como os meninos podem se saciar.
Água.

Água se avoluma
Nós avolumamos a água.
Para ficar aconchegado e envaidecido.
Com urgência e não com necessidade e não com idiotice.
Todos os homens são inteligentes.
Por favor peça a um menino.
Então todos eles dançaram.
Como pode um polonesinho ser um atacante mirim.

PARTE II.

Leituras em missões.
Quem pode descuidar dos papéis.
Quando garotos fazem uma fogueira ao ar livre eles não queimam jornais diários.
Seria agradável ter um pouco de carne de carneiro.
Supondo que uma eleição presidencial aconteça a cada quatro anos.
Surpreendente, sobressalto, sustos pulam novamente.
Pule para a pena.
A pena queima.
A queimação dos índios queimaram as queimações.
Um menino cresce sombrio.
Ele pode realmente ler melhor melhor do que outro.
Não posso recusar uma comemoração.
Você se lembra do quatro de julho.
E você.
Leia rapidamente e diga a eles o que eu digo.
Pule para palavra de ordem.
Pular onde.
Aí.
Sem comer feijões ou manteiga.
Sem comer cabelo.
Sem comer um pouquinho.
Quando a eleição presidencial é fervorosa ficamos somente um ano.

Um ano está tão longe em maio.

Você pode gostar de qualquer setembro.

O menininho era alto.

Nossa.

Pedi para uma senhora queimar lenha.

O menino toca a parede.

O menino é alto.

Estou pensando que o jeito de ter uma eleição é esse.

Vocês se encontram na rua. Se encontram. Vocês têm eleição.

Isso é porque os cavalos não servem para nada.

Nós resistimos aos cavalos quando não temos medo deles.

Alguém pode esperar que seja uma vitória.

Três longos milhões.

Esperando para serem encontrados.

O menino está satisfeito por estar calmo.

Estude-me.

Por que não podemos ter uma eleição presidencial.

ÚLTIMA PARTE

O menino cresceu e teve uma eleição presidencial.

O presidente é eleito.

Por que as palavras eleição presidencial te lembram de algo.

Elas nos lembram que o menino que estava na rua não é necessariamente um menino pobre.

Nem era um menino pobre então.

EPÍLOGO

Véus e véus e deitando.

Deitando em sapatos.

Sapatos quando estão novos têm o solado preto.

Vimos hoje que nunca mais veremos novamente um véu de noiva e um véu de freira.

Quem pode esperar uma eleição.

Um menino que é o filho de outro tem uma lembrança de

autorização.
Por autorização queremos dizer publicação.
Por publicação. Solução.
Assentem um outro em seus assentos.
Beijos não fazem um rei.
Nem barulhos uma mãe.
Bênçãos vêm antes de presidentes.
Palavras significam mais.
Falo agora de um homem que não é um incômodo.
Como ele não pode incomodar.
Ele é eleito por mim.
Quando isso acontecer não deixe de me dizer.

FINIS.

Tradução: Dirce Waltrick do Amarante

*Gertrude Stein em seu escritório. Man Ray, 1920.
Cortesia da Biblioteca Beinecke – Universidade de Yale, New Haven, CT.*

TEATRO DESTA EDITORA

CIMBELINE, REI DA BRITÂNIA
William Shakespeare

CONTOS DO INVERNO
William Shakespeare

DO TEATRO
Vsélvolod Meyerhold

EXILADOS
James Joyce

HIPÓLITO E FEDRA TRÊS TRAGÉDIAS
Eurípedes Sêneca Racine

A LOUCURA DE ISABELLA E OUTRAS COMÉDIAS DA COMMEDIA DELL'ARTE
Flaminio Scala

ORESTÉIA I- AGAMÊMNON
Ésquilo

ORESTÉIA II - COÉFORAS
ÉSQUILO

ORESTÉIA III – EUMÊNIDES
ÉSQUILO

PÉRICLES, O PRÍNCIPE DE TIRO
William Shakespeare

TRÁGEDIAS
Ésquilo

WITTEGENSTEIN
Contador Borges

Este livro foi composto em tipologia Adobe Garamond pela *Iluminuras* e terminou de ser impresso nas oficinas da *Meta Gráfica*, em Cotia, SP, em papel off-white 80g.